VORWORT VON RÜDIGER NEHBERG*

Das Boys' Survival-Handbuch ist eine mit Sorgfalt und Liebe gemachte, abwechslungsreiche erste Anleitung für angehende junge Abenteurer. Schon die besondere Aufmachung macht neugierig und verlockt zum Lesen.

Das Buch lehrt die vielfältigen Schönheiten, Kräfte, Gefahren und Herausforderungen der Natur zu erkennen, abzuschätzen und zu meistern. Es erzieht zu gesunder Vorsicht und hilft, unnötige Ängste abzubauen. Es macht uns Mut und stärkt das Selbstvertrauen. Es zeigt, dass man Abenteuer nicht nur passiv im Fernsehen, sondern aktiv in der Natur selbst erleben kann. Es wird dem Leben daheim und auf Reisen viel mehr Spannung und Erfüllung geben und garantiert auch Eltern begeistern. Denn es verführt zu gemeinsamen Abenteuern.

Das jedenfalls wünscht euch euer

RÜDIGER NEHBERG

*Rüdiger Nehberg ist Autor vieler Survival-Bücher. Sein Bestseller für Jugendliche ist »Survival-Abenteuer vor der Haustür« und für Erwachsene »Überleben ums Verrecken«.

Inhalt

Bibliografische Information
der Deutschen Bibliothek

Die Deutsche Bibliothek
verzeichnet diese Publikation
in der Deutschen National-
bibliografie; detaillierte
bibliografische Daten
sind im Internet über http://
dnb.ddb.de abrufbar.

5 4 3 2 1   11 12 13 14 15
© 2001 by Marshall Editions
Titel der Originalausgabe:
Kid's Survival Handbook
Die Originalausgabe ist bei
Marshall Editions erschienen

© 2011 für die deutsche
Ausgabe: arsEdition, München
Alle Rechte vorbehalten

Text: Claire Llewellyn
Gutachter: Dr. Peter Barnes, The
Institute for Outdoor Learning

Aus dem Englischen von
Cornelia Panzacchi
Textlektorat der deutschen
Ausgabe: Eva Wagner
Umschlagbild: © fotolia – Clivia

ISBN 978-3-7607-6976-9
www.arsedition.de

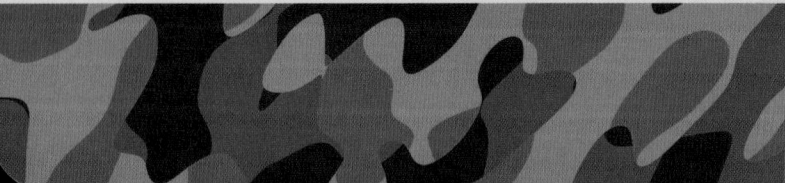

Bitte unbedingt beachten!

Abenteuer kann man überall erleben. Bergwanderungen, Segeltouren und Flüge in ferne Länder sind aufregende Erlebnisse. Nicht immer geht dabei alles glatt: Man kann von einer Lawine überrascht werden, in Seenot geraten oder eine Notlandung miterleben.

Manchmal muss man nicht einmal verreisen, um Abenteuer zu erleben. Viele Menschen leben an Orten, die häufig von Vulkanausbrüchen, Erdbeben, Überschwemmungen oder Unwettern heimgesucht werden. Wenn man weiß, was dann zu tun ist, kann man sich selbst und anderen helfen.

Der erste Teil dieses Buches soll auf solche Situationen vorbereiten, in denen es um das Verhalten in gefährlichen Situationen geht – von denen wir hoffen, dass sie höchstens in deiner Fantasie passieren!
Im zweiten Teil gibt es Tipps, die nicht nur helfen, auf einsamen Inseln zu überleben, sondern die auch auf Wanderungen, Radtouren und beim Zelten nützlich sind.

An einigen Stellen im Buch findest du freie Seiten. Hier kannst du deine eigenen Abenteuer aufschreiben – erlebte wie erfundene.

Dieses Buch beschreibt einige Extremsituationen und erklärt, wie man sich dabei am besten verhält. Man kann im Leben in gefährliche Situationen geraten. Aber du darfst dich auf gar keinen Fall bewusst in Gefahr bringen – auch nicht, um auszuprobieren, wie gut diese Tipps sind!

Für bestimmte Aktionen in der freien Natur gibt es in Deutschland spezielle Vorschriften: So ist Feuermachen (Lagerfeuer) in der freien Natur grundsätzlich verboten, auf Privatgrundstücken ist es nur mit Genehmigung des Grundbesitzers und nur an dafür ausgewiesenen Plätzen erlaubt. Angeln darf man nur mit einem Angelschein. Für Naturschutzgebiete und Landschaftsschutzgebiete gelten eigene Schutzvorschriften (z. B. keine Pflanzen abreißen), die man bei Gemeinde oder Landratsamt erfragen kann.

Gefährliche
Tiere

Schlangen gibt es fast überall auf der Welt, besonders aber dort, wo es warm ist, z.B. in Wüsten und im tropischen Regenwald. Sie können am Boden, im Wasser oder auch auf Bäumen leben. Die einzigen bei uns vorkommenden Giftschlangen sind die Kreuzotter und die Aspisviper.

Wenn es dort, wo du unterwegs bist, Schlangen gibt ...

- Trage immer lange Hosen, dicke Socken und knöchelhohe Schuhe.
- Bleibe auf den Wegen.
- Drehe nie Steine und Holzstücke mit bloßen Händen um.
- Klettere nicht auf Bäume mit dichtem Laub.
- Schwimme nicht in trübem Wasser.

Wenn du eine Schlange siehst ...

- Bleib ganz still stehen.
- Geh nicht in ihre Nähe.
- Berühre sie nicht und versuche auf keinen Fall, sie zu verscheuchen oder zu töten.
- Geh langsam rückwärts weg und vergrößere den Abstand zu ihr. Angreifende Schlangen können ihren Körper blitzschnell strecken, und manche sind über 2 m lang.

WAS KANN MAN TUN?

Python

6

ANGEGRIFFEN!

Wenn du gebissen worden bist …

- Suche sofort einen Arzt auf, auch wenn es keine Giftschlange war. Schlangenbisse können Entzündungen und allergische Reaktionen verursachen.
- Wenn du nicht innerhalb von einer halben Stunde einen Arzt erreichen kannst, so binde Arm oder Bein ca. 10 cm über dem Biss ab, um die Ausbreitung des Gifts zu verlangsamen. Der Verband sollte nicht zu fest sein: Du musst noch einen Finger darunterschieben können.
- Gift niemals »aussaugen«!
- Niemals versuchen, den Biss auszuschneiden!
- Nichts Kühlendes auf die gebissene Stelle legen!

So behandelt man einen Biss

Wasche den Biss so bald wie möglich mit Wasser und Seife aus. Der gebissene Körperteil sollte ruhig gestellt werden. Den Körper so lagern, dass der Oberkörper (Herz!) höher als die Bissstelle liegt. Sollte das Gift in die Augen gespritzt worden sein, wasche diese sofort aus – mit allem, was zur Hand ist: mit Wasser, Milch oder notfalls mit Urin.

Schon gewusst?

Schlangen verschlingen keine Menschen. Sie greifen Menschen nicht an, weil sie hungrig sind, sondern weil sie Angst vor uns haben. Oder weil sie einen Menschen mit einem Tier verwechseln.

Krokodile, Alligatoren und Kaimane leben in warmen Ländern. Man trifft sie in langsam fließenden Gewässern, Seen und Sümpfen an (z. B. in Mangrovensümpfen an Küsten).

Wenn du in ein Gebiet reist, wo es Krokodile gibt ...

- Halte stets nach ihnen Ausschau. Sie können an Land oder im Wasser sein.
- Geh nie in Wasser, in dem Krokodile gesichtet wurden.
- Fahre nie mit einem Boot in Sümpfe, Buchten und Gezeitentümpel – besonders nachts, wenn Krokodile aktiver sind. Niemals Arme oder Beine über die Bootskante hängen lassen.
- Denk daran, dass Krokodile schneller sind als du!

WAS KANN MAN TUN?

Wenn du einem Krokodil begegnest ...

- Geh nie nah an das Tier heran. Bleib stehen und geh dann langsam rückwärts weg.
- Füttere Krokodile nie. Sie würden ihre Scheu vor dem Menschen verlieren.
- Nähere dich nie Jungtieren oder Eiern. Die Mutter könnte in der Nähe sein. Sie würde sofort angreifen.

ANGEGRIFFEN!

Wenn du angegriffen wirst ...

- Versuche, auf Nase oder Augen des Tiers zu schlagen – möglichst mit einem Stock oder Paddel.
- Wenn das Tier schon einen Körperteil mit den Zähnen gepackt hält: Fest auf die Schnauzenspitze schlagen! Vielleicht öffnet es das Maul.
- Falls das Tier an Land angegriffen hat: Versuche, auf seinen Rücken zu steigen und seinen Hals herunterzudrücken.
- Bedecke seine Augen. Möglicherweise wird es dann ruhiger.
- Wenn dich das Tier gepackt hält: Versuche, ihm das Maul zuzuhalten. Dann kann es dich nicht so leicht schütteln und verletzen.

Krokodil

Schon gewusst?

Wenn sie Menschen sehen, fliehen die meisten Krokodile und Alligatoren ins Wasser – es sei denn, ihr Fluchtweg ist abgeschnitten oder sie bewachen ihr Nest.

So behandelt man einen Biss

Spüle die Wunde so bald wie möglich mindestens fünf Minuten lang mit Wasser. Anschließend deckst du sie mit einem sauberen Verband ab. Suche so schnell wie möglich einen Arzt auf, selbst wenn die Verletzung klein ist: Die Tiere haben viele Keime im Maul, und die Wunde könnte sich entzünden.

Es gibt mehr als 370 Haiarten. Sie leben in allen Welt-meeren. Nur wenige von ihnen können Menschen ge-fährlich werden. Die Arten, die Menschen angreifen, kommen überwiegend in warmen Gewässern vor.

Damit es gar nicht zu einem Angriff kommt:

- Haie greifen eher einzelne Schwimmer an. Schwimme niemals allein!

- Schwimme nie nach Sonnenuntergang. Haie greifen zwar auch tagsüber an, abends sind sie aber aktiver.

- Geh nie mit blutenden Wunden ins Wasser. Blutgeruch lockt Haie an.

- Trage im Wasser weder Uhr noch Schmuck. Beides glitzert wie Fischschuppen.

- Schwimme nie dort, wo gefischt wird. Köder und tote Fische können Haie anlocken.

- Lass dich beim Schwimmen und Surfen nie an der Oberfläche treiben. Denn dann siehst du von unten wie eine Schildkröte oder Robbe aus – die Beutetiere der Haie.

WAS KANN MAN TUN?

Wenn du einen Hai siehst ...

- Haie folgen manchmal Booten. Geh nicht ins Wasser, wenn du einen Hai gesehen hast.

- Ein sich nähernder Hai kann auch einfach nur neugierig sein. Bleib ruhig.

- Wenn es aussieht, als wollte der Hai das Boot ram-men: Versuche ihn durch heftige Bewegungen und Lärm zu vertreiben. Schlage ihm notfalls mit dem Ruder auf die Nase.

- Wenn du im Wasser bist: Verlasse es möglichst rasch, bleib dabei aber ruhig. Vermeide es, zu schreien oder um dich zu schlagen, und kraule nicht: Für den Hai würdest du dann wie ein verletztes Tier wirken.

ANGEGRIFFEN!

Wenn ein Hai angreift ...

- Versuche, ihn heftig auf Augen und Kiemen zu schlagen oder hineinzustechen. Wenn Gegenstände in deiner Reichweite sind, benutze sie dazu.

- Schlage weiter auf den Hai ein. Er wird vielleicht beschließen, sich eine leichtere Beute zu suchen.

- Wenn dich ein Hai im Wasser anrempelt und dann wegschwimmt, könnte ein Angriff folgen. Verlasse so schnell wie möglich das Wasser!

- Suche möglichst rasch ein Krankenhaus auf, wenn du von einem Hai verletzt wurdest. Haibisse verursachen Blutverlust und Infektionen. Die Wunde muss gereinigt und eventuell genäht werden.

Schon gewusst?

Etwa 100 Millionen Haie werden jährlich von Menschen getötet. Aber nur ungefähr 100 Menschen kommen jedes Jahr durch Haie ums Leben.

Weißer Hai

Bären leben in Gebirgen und Wäldern. Sie ernähren sich von kleinen Säugetieren, Fischen und Pflanzen. Sie sind scheu, aber auch neugierig. In Osteuropa, in den Pyrenäen, den USA und in Kanada kann man auf Wanderungen schon mal einem Bären begegnen.

Schon gewusst?
Ein großer Bär kann bis zu 3 m hoch und eine halbe Tonne schwer werden.

Wenn du durch Bärenland wanderst ...

- Bleib auf den Wegen.
- Sprich beim Gehen laut, klatsche in die Hände oder singe. Lärm vertreibt Bären.
- Geh in der Gruppe, nicht alleine.
- Wandere nie im Dunkeln. Bären sind überwiegend nachtaktiv.
- Bären wittern Nahrung aus großer Entfernung. Verpacke Lebensmittel und Abfälle sorgfältig. In manchen Ländern gibt es dafür spezielle, geruchsdichte Behälter zu kaufen.
- Beim Campen nie im Zelt Nahrung aufbewahren oder essen.
- Wenn du unterwegs ein totes Tier findest, geh möglichst schnell davon weg.

Schon gewusst?
Am gefährlichsten sind Bären, wenn sie Junge haben oder frisch erlegte Beute fressen.

Wenn du einem Bären begegnest ...

- Schau ihm nicht in die Augen. Bleib ruhig stehen und gehe nach einer Weile langsam rückwärts weg. Vermutlich lässt der Bär dich in Ruhe.
- Schrei nicht und lauf nicht davon. Bären sind schneller als Menschen.
- Bleib nicht stehen, um zu fotografieren.
- Wenn du im Auto bist: Steig nicht aus und öffne nicht die Fenster.
- Nähere dich nie Bärenjungen. Ihre Mutter wird in der Nähe sein und sie verteidigen.
- Manchmal führen Bären nur Scheinangriffe durch. Bleib möglichst stehen und laufe nicht weg.
- Versuch gar nicht erst, auf einen Baum zu flüchten: Bären sind geschickte Kletterer und folgen dir nach.

ANGEGRIFFEN!

Wenn du angegriffen wirst ...

- Lass dich auf den Boden fallen. Rolle dich zusammen und verschränke die Hände im Nacken. Wenn du einen Rucksack trägst, behalte ihn auf. Er schützt deinen Rücken.
- Stell dich möglichst lange tot. Der Bär wird dich dann wahrscheinlich in Ruhe lassen. Wenn er weg ist, warte eine Weile. Geh dann langsam fort. Halte dabei nach weiteren Bären Ausschau.
- Wenn dich der Bär in deinem Zelt angreift: Schlage ihn mit einem Gegenstand. Ziele auf Augen und Nase. Mach möglichst viel Lärm.
- Wenn du verletzt worden bist: Säubere die Wunde und suche dann möglichst rasch einen Arzt auf.

Angriffe von Bären, Wölfen oder Großkatzen (z. B. dem Puma auf der gegenüberliegenden Seite) kommen bei uns nur äußerst selten vor. Dafür lauern in den Wäldern und auf den Wiesen Mitteleuropas andere Feinde.

Tollwutgefahr!

- Tollwut kann immer wieder ausbrechen.
- Verursacher der Tollwut ist ein Virus. Füchse und Mäuse, Hunde und Katzen können an Tollwut erkranken und sie durch Biss oder Speichel an andere Tiere und auch an den Menschen weitergeben.
- Meide Tiere, die sich merkwürdig verhalten. Geh nicht in die Nähe eines wild lebenden Tiers, das krank oder zutraulich wirkt. Suche sofort einen Arzt auf, wenn du von einem Wild- oder Haustier gebissen worden bist.

Gefahr durch Zecken

- Zecken sind winzige Verwandte der Spinnen. Sie leben im Gras und auf anderen Pflanzen. Sie lassen sich nicht von oben herabfallen, wie oft behauptet wird, sondern werden beim Vorbeigehen von Gräsern, Gebüsch und niedrigen Ästen abgestreift.
- Zecken können vor allem zwei Krankheiten auf den Menschen übertragen: Gehirnhautentzündung (FSME) und Borreliose. Gegen Erstere kann man sich impfen lassen, gegen Letztere nicht.
- Lauf auf Wiesen, im Wald und vor allem, wenn du durch Büsche und Gestrüpp streifst, nicht barfuß. Ein guter Schutz sind lange Hosen und langärmelige Kleidung. In der Apotheke gibt es auch Lotionen, mit denen man sich einreiben kann und die die Zecken fernhalten können.
- Setz dich nicht direkt auf den Boden, sondern auf eine Zeitung oder Matte.
- Nach dem Aufenthalt im Wald den ganzen Körper gründlich nach Zecken absuchen, duschen und die Kleidung wechseln.

Gefährliche Leckerbissen

- In manchen Gegenden sind Füchse vom Fuchs-
  bandwurm befallen. Durch Fuchskot gelangen
  Bandwurmeier an Kräuter und Beeren. Menschen,
  die sie essen, können davon schwer krank werden. Deshalb alles, was im Wald gepflückt wurde,
  vor dem Essen gründlich waschen oder kochen.

- Pilze sollten immer nur zusammen mit kundigen
  Leuten gesammelt oder von einer Pilzberatungs-
  stelle bei der Gemeinde oder am Forstamt geprüft werden.

Schon gewusst?
Gelegentlich wandern aus
Osteuropa Wölfe nach Deutsch-
land und Österreich ein. Nor-
malerweise greifen diese den
Menschen aber nicht an.

Puma

Viele Bienen-Arten bilden große Gruppen, die man als Völker, Staaten oder Schwärme bezeichnet. Normalerweise sind sie friedlich. Fühlen sie sich aber bedroht, dann greifen sie an.

Wenn du ein Bienen- oder Wespennest siehst ...

- ... erkennst du es dann? Nester wilder Bienen und Wespennester können an Ästen, unter Dachgiebeln oder in Mauerecken hängen. Viele Wildbienen-Arten haben aber auch unterirdische Nester oder bauen sie in Mauerritzen oder in Holz. Halte dich davon fern!

- Ärgere Bienen und vor allem Wespen nie. Störe sie auch dann nicht, wenn sie in der Nähe deines Hauses ein Nest bauen. Sie würden ihr Nest durch Stiche verteidigen. Rufe einen Imker an oder frage bei der Feuerwehr um Rat.

- Wenn du in der Nähe eines Nests bist und der Schwarm gestört wurde: Bleib fünf Minuten lang ganz still sitzen. Haben sich die Bienen beruhigt, schleiche dich langsam weg.

ANGEGRIFFEN!

Wenn du angegriffen wirst ...

- Lauf sofort weg. Schlage nicht um dich, denn das würde sie nur angriffslustiger machen.

- Suche nach Möglichkeit in einem Haus oder einer Scheune Schutz. Oder laufe im Wald in dichtes Gebüsch. Die Äste schnellen zurück und verwirren die Bienen oder Wespen.

- Springe nicht ins Wasser: Denn irgendwann musst du wieder auftauchen und die Wespen oder Bienen werden auf dich warten!

Schon gewusst?

In Brasilien mussten einmal mit Flammenwerfern bewaffnete Soldaten anrücken, um die Kinder auf einem Schulhof vor angreifenden Bienen zu retten.

Bienen schwärmen meist im Frühsommer aus. Sie suchen dann einen Ort für ein neues Nest.

In einem Nest leben bis zu 60 000 Bienen.

Schon gewusst?

Angriffslustige Bienen können einen Menschen bis zu 150 m weit verfolgen – weiter, als ein Fußballfeld lang ist.

WAS KANN MAN TUN?

Wenn du gestochen worden bist ...

Nach dem Stich einer Biene bleibt der Giftstachel im Fleisch. Ziehe ihn vorsichtig heraus, am besten mit einer Pinzette. Wenn du Atemnot bekommst, musst du sofort zu einem Arzt: Es könnte eine allergische Reaktion sein.

Ameisen gibt es fast überall auf der Welt. Die bei uns lebenden Ameisen beißen, wenn man ihnen zu nahe kommt. Unsere heimischen Waldameisen sind sehr nützlich, weil sie Schädlinge und tote Tiere fressen. In warmen Ländern wie Südamerika gibt es jedoch Arten, die uns Menschen gefährlich werden können.

WAS KANN MAN TUN?

Wenn du Waldameisen siehst ...

- ... dann kannst du dir ruhig ihr Nest anschauen. Unsere Ameisen errichten aus Erdkrümeln, Blättern und Nadeln Nester, in denen sie Kammern und Gänge anlegen. Jedes Ameisenvolk hat eine Königin. Sie legt als Einzige Eier, die von den Arbeiterinnen versorgt werden.

ANGEGRIFFEN!

Gefährliche Ameisen-Arten

Die Ameisen mancher südlichen Länder sind im Gegensatz zu unseren auch für Menschen und größere Tiere gefährlich. Besonders den im Regenwald lebenden Treiberameisen oder den Feuerameisen Südamerikas sollte man unbedingt aus dem Weg gehen.

- Solltest du also im Regenwald oder in Südamerika auf Reisen sein und aus Versehen auf eine Ameisenstraße treten, gerate nicht in Panik. Durch Trampeln und Schlagen werden die Ameisen erst recht auf dich aufmerksam, und im Nu werden es immer mehr.

- Lauf schnell weg, wenn sie tatsächlich angreifen. Am besten wirst du sie durch einen Sprung ins Wasser los. Vergewissere dich aber zuerst, dass im Wasser nichts schwimmt, was schlimmer als die Ameisen ist!

Schon gewusst?
Treiberameisen sind fast ständig unterwegs. Sie fressen ein Gebiet leer und ziehen dann ins nächste.

Verhalten von Ameisen

- Treiberameisen bilden lange Straßen, auf denen Tausende von Tieren dahinkrabbeln. In der Masse sind sie genauso gefährlich wie ein Raubtier.

- Über Erdspalten bilden sie lebende Brücken, über die ihre Artgenossen klettern.

- Sie töten alles, was ihren Weg kreuzt: Heuschrecken, Spinnen, Skorpione, Schlangen und Eidechsen. Bis zu 100 000 Beutetiere können einem Schwarm täglich zum Opfer fallen.

- Wenn sie sich bedroht fühlen, beißen und stechen Ameisen. Mit ihren scharfen Mundwerkzeugen kann eine große Menge von Treiberameisen auch größere Tiere töten, wenn diese nicht fliehen können. Feuerameisen stechen immer wieder. Die Stiche brennen und es bilden sich weiße, juckende Blasen.

Schon gewusst?
Eine Kolonne Treiberameisen kann bis zu 1 km lang werden.

Diese fünf Tiere
würde ich am liebsten
einmal beobachten:

_____

_____

_____

_____

_____

Diesen fünf Tieren
möchte ich nie begegnen:

_____

_____

_____

_____

_____

Diese Orte würde ich
gerne besuchen und
diese Dinge würde ich
gerne einmal sehen:

_____

_____

_____

_____

_____

_____

_____

_____

_____

_____

_____

Als ich einmal
einem gefährlichen
Tier begegnete ...

_____

_____

_____

_____

_____

_____

_____

_____

_____

_____

Gefahren in der Natur

Treibsand ist weicher, feuchter Sand, in dem man leicht versinkt. Unter diesem Sand ist nämlich kein fester Boden, sondern Wasser. Treibsand bildet sich, wo Wasser und Sand oder Lehm zusammenkommen: z. B. in Flussbetten oder an Gebirgsflüssen, an Meeresküsten oder in der Prärie. In Mitteleuropa kommt er zum Glück kaum vor.

Wenn du dich auf den Weg machst ...

- Wenn du weißt, dass es dort, wo du wanderst, Treibsand gibt, dann nimm einen stabilen Wanderstock mit. Damit kannst du den Boden vor jedem Schritt prüfen. Solltest du trotzdem einsinken, dann kann er dir helfen, dich zu befreien.
- Treibsandgebiete sind häufig mit Warnschildern markiert. Achte bei deiner Wanderung darauf.

WAS KANN MAN TUN?

Wenn du in Treibsand geraten bist ...

- Warne sofort alle, die hinter dir gehen, damit sie nicht auch hineintreten – und damit sie dir helfen können.
- Versuche, festen Grund zu finden oder etwas, an dem du dich festhalten kannst – z. B. Grasbüschel.
- Nimm deinen Rucksack und alles ab, was dich schwerer macht.

TU WAS!

Damit du nicht versinkst ...

- Bleib ruhig, wenn du in Treibsand eingesunken bist. Schlage nicht um dich. Je heftiger zu strampelst, umso schneller versinkst du. Beweg dich sehr langsam.

- Lehne dich zurück und breite Arme und Beine aus. Dadurch treibst du wie im Wasser.

- Hast du einen Stock dabei, so leg dich darüber. Bewege ihn dann über Kreuz unter deinen Hüften. Dadurch gibt er dir im Treibsand Halt.

- Schiebe dich auf dem kürzesten Weg vorsichtig zum festen Untergrund.

Wenn ein anderer in Treibsand geraten ist ...

- Springe nicht hinein, um zu helfen.

- Sag dem Betreffenden, dass er ruhig bleiben und sich möglichst langsam bewegen soll.

- Hole eine Stange oder einen langen Ast. Leg dich am Rand des Treibsands auf den Boden und halte den Ast so, dass der Eingesunkene sich festhalten kann. Ziehe ihn dann heraus.

Schon gewusst?

Jeder Treibsand ist anders. In manchen Typen von Treibsand sinkt man langsamer ein.

Orkane sind gefährliche Stürme, die von starkem See-
gang und schweren Regenfällen begleitet werden. Sie
entstehen über dem Meer und bewegen sich dann auf
das Land zu, wo sie schwere Schäden verursachen.

WAS KANN MAN TUN?

Wenn dort, wo du lebst, oft Orkane auftreten:

- Pass mit auf, dass euer Haus in gutem Zustand ist.
- Achte darauf, dass immer genügend Bretter, Werkzeug, Batterien, Konserven, Wasservorräte und ein
  Radio im Haus sind.
- Höre in der gefährlichen Zeit regelmäßig Radio oder
  sieh die Fernsehnachrichten an, um die Sturmwar-
  nungen nicht zu versäumen. Sie werden frühzeitig
  gegeben.

TU WAS!

Wenn ein Orkan näher kommt …

- Hilf mit, Türen und Fenster mit Brettern
  abzudecken.
- Bei Überschwemmungsgefahr wird alles,
  was beschädigt werden kann, in höhere
  Stockwerke gebracht.
- Bewohner stark gefährdeter Gebiete werden
  manchmal evakuiert. Achte darauf, dass deiner
  Familie dazu genügend Zeit bleibt.
- Nimm die Haustiere mit oder schließe sie im
  Haus so ein, dass sie sicher sind. Stell genügend
  Futter und Wasser hin.
- Suche einen sicheren Raum auf, wenn du wäh-
  rend des Sturms zu Hause bleibst. Statte den
  Raum mit allem aus, was du innerhalb von 72
  Stunden benötigen wirst.

Wenn du zu Hause bist und der Orkan kommt ...

- Bleib im Haus. Halte dich von Türen und Fenstern fern. Diese sollten alle fest verschlossen sein.
- Verwende bei Stromausfall Kerzen, Taschenlampe und ein batteriebetriebenes Radio. Pass gut auf die Kerzen auf.
- Es kann ganz schön laut werden. Orkane erreichen Geschwindigkeiten von bis zu 250 km/h und dauern lange an.
- In der Mitte des Orkans befindet sich eine ruhige, windstille Stelle, das »Auge des Sturms«. Diese Ruhe dauert nur wenige Minuten. Geh also nicht raus.
- Höre regelmäßig Radio. Verlasse das Haus erst, wenn Entwarnung gegeben wurde.

Ein Orkan bewegt sich wie ein Kreisel. Er kann bis zu 10 km hoch werden und einen Durchmesser von bis zu 650 km haben.

Schon gewusst?

Orkane entstehen auf der Nordhalbkugel zwischen Juni und Oktober und auf der Südhalbkugel zwischen November und März.

Erdbeben werden von Bewegungen im Inneren der Erde verursacht. Bei einem Erdbeben wird der Boden stark erschüttert. Straßen brechen auf, Häuser und Brücken können einstürzen.

Wenn du in einem Erdbebengebiet bist:

- Erdbeben kommen ganz plötzlich und sind schwer vorherzusagen. Informiere dich deshalb über das richtige Verhalten, damit du im Ernstfall vorbereitet bist!
- Bitte einen Erwachsenen nachzusehen, ob es in eurem Haus Feuerlöscher und einen Vorrat an Batterien, Konserven und Wasser gibt.

TU WAS!

Wenn die Erde bebt ...

- Bleib ruhig. Oft dauert das Beben nicht lange.
- Wenn du zu Hause bist, bleib drinnen. Suche unter einem Tisch, im Türrahmen oder neben einer Innenwand Schutz.
- Geh nicht in die Küche und halte dich von Glas, offenen Kaminen und von allem fern, was herabstürzen oder umfallen könnte.
- Wenn du dich gerade in der Schule oder in einem öffentlichen Gebäude befindest: Versuch nicht, kopflos mit einer drängelnden Menschenmasse zum Ausgang oder ins Treppenhaus zu laufen. Benutze NICHT den Aufzug.
- Wenn du im Freien bist, bleib dort, aber entferne dich von Gebäuden, Brücken und Stromleitungen. Bleib in offenem Gelände, bis das Beben vorbei ist.

Schon gewusst?
Tiere ahnen manchmal Erdbeben voraus. Beobachtet wurden z. B. heulende Hunde, aufgeregte Pferde und Schlangen und Ratten, die aus ihren Löchern kamen.

WAS KANN MAN TUN?

Nach einem Erdbeben ...

- Schau nach, ob du verletzt bist. Wenn dir nichts fehlt und du dich mit Erster Hilfe auskennst, kannst du Verletzten helfen. Achte dabei auf zerbrochenes Glas.
- Häufig werden Gas- und Stromleitungen bei Erdbeben beschädigt. Dies kann einen Brand auslösen. Bitte einen Erwachsenen, diese in deinem Haus zu überprüfen, bevor etwas eingeschaltet wird.
- Benutze auch weder Kerzen, Streichhölzer noch offenes Feuer, bis geklärt ist, dass nirgendwo Gas oder Öl austritt.
- Bei Gasgeruch muss das Gebäude sofort verlassen und die Feuerwehr gerufen werden.
- Es kann zu Nachbeben kommen. Meldungen werden im Radio durchgegeben.
- Wenn du das Erdbebengebiet verlässt, geh zu Fuß. Nimm einen Kopfschutz mit, z. B. einen Helm. Halte dich von allen Gebäuden und Stromleitungen fern.

Lawinen sind gewaltige Schneemassen, die mit hoher Geschwindigkeit einen Berghang hinabrutschen. Sie bilden sich besonders an steilen Hängen und entstehen sehr schnell. Sie sind sehr gefährlich, weil sie auf ihrem Weg ins Tal alles unter sich begraben.

Verhalten bei Lawinengefahr:

- Lawinen bilden sich an Hängen, kurz nach heftigen Schneefällen oder bei starkem Wind sowie bei starker Erwärmung.
- Lass dich immer von einem Ortskundigen beraten, bevor du in die Berge gehst. Unternimm Skitouren und Winterwanderungen nur in Begleitung erfahrener Erwachsener und informiere dich über die Verwendung von Verschüttetensuchgerät (Piepser) und Airbag.
- Beachte immer Lawinenwarnungen.
- Verlasse beim Ski- oder Snowboardfahren niemals die gesicherten und präparierten Pisten und Abfahrten. Blinklichter an den Pisten bedeuten: Lawinenwarnung. Es kann auch sein, dass Abfahrten gesperrt werden.

Schon gewusst?
Die größten Lawinen können bis zu 1 km breit werden und mit ca. 350 km/h den Berghang hinunterstürzen.

Wenn du in eine Lawine gerätst ...

- ... hast du nur sehr geringe Überlebenschancen. Lawinen übersteigen menschliche Kräfte bei Weitem. Lass es also gar nicht erst so weit kommen!
- Versuche, dich von Rucksack und Ausrüstung zu befreien.
- Versuche nicht, vor der Lawine davonzulaufen oder zu -fahren. Sie ist immer schneller als du. Versuche, aufrecht zu bleiben und dich auf ihren Rand zuzubewegen, wo sie schwächer ist.
- Versuche, durch kräftige Bewegungen an der Oberfläche zu bleiben.

TU WAS!

Wenn dich die Lawine umgeworfen hat ...

- Lass die Skistöcke los.
- Bevor die Lawine zum Stillstand kommt, rolle dich zusammen und halte Hände und Arme vor das Gesicht (»Boxerhaltung«). Versuche, mit den Händen eine Atemhöhle vor deinem Gesicht zu schaffen.
- Wenn du in der Lage bist, dich zu bewegen, bist du vermutlich nicht sehr tief verschüttet. Dann kannst du versuchen, eine Hand nach draußen durchzuschieben, damit du gesehen wirst. Andernfalls solltest du damit nicht sinnlos Energie verschwenden.
- Atme gleichmäßig, um Energie und Sauerstoff zu sparen. Schreie nur, wenn Retter in der Nähe sind: Der Schnee dämpft deine Stimme.

Blitze sind elektrische Entladungen. Sie entstehen in Gewitterwolken, in denen Eiskristalle so schnell umherwirbeln, dass sich elektrische Ladungen aufbauen. Blitze können in Gegenstände und in Lebewesen einschlagen.

WAS KANN MAN TUN?

Sei vorbereitet!

- Vor einem Blitz ist man nirgends völlig sicher. Versuche, die sichersten Stellen zu finden.
- Finde heraus, wie weit das Gewitter entfernt ist (siehe gegenüberliegende Seite), damit du weißt, wie viel Zeit dir bleibt, um dich in Sicherheit zu bringen.
- Merke dir, welche Orte zu meiden sind und was man während eines Gewitters nicht berühren darf (siehe gegenüberliegende Seite).

Schon gewusst?

An manchen Stellen schlägt der Blitz öfter ein. Das Empire State Building in New York wird 20- bis 30-mal im Jahr von Blitzen getroffen.

Wie weit ist das Gewitter entfernt?

Um auszurechnen, wie weit das Gewitter entfernt ist, zählt man die Sekunden zwischen Blitz und Donner. Teile die Zahl der Sekunden durch drei, und du erhältst die Zahl der Kilometer. Suche sofort einen geschützten Ort auf, wenn das Gewitter nicht weiter als 10 km entfernt ist.

Was ist bei Gewitter zu beachten?

- Wenn du im Auto bist: Bleib drin und verschließe Fenster und Türen. Auch wenn der Blitz ins Auto einschlägt, passiert nichts, weil die Reifen den Strom nicht weiterleiten.

- Suche in einem Gebäude Schutz und schließe alle Fenster und Türen. Stell dich nicht ans Fenster.

- Benutze das Telefon nur im Notfall.

- Meide offenes Gelände, Berggipfel und -kämme und Masten. Suche NIEMALS unter Bäumen Schutz. Der Blitz schlägt meist in das höchste Objekt ein.

- Halte dich von Draht und Metall fern. Wirf alle Metallgegenstände weg, die du bei dir hast (z. B. Schirm und Schlüssel).

- Wenn dein Haar vom Kopf absteht, ist die Luft elektrisch geladen und es könnte ein Blitz einschlagen. Knie dich hin und beuge dich mit gesenktem Kopf vor, leg dich aber nicht auf den Boden.

- Warte, bis das Gewitter ganz vorbei ist. Auch noch eine halbe Stunde, nachdem Regen und Donner aufgehört haben, können Blitze einschlagen.

Ein Wirbelsturm oder Tornado ist der heftigste Sturm, den wir kennen. Es bildet sich ein wirbelnder Trichter, der alles auf seinem Weg hinwegfegt. Er entsteht so plötzlich, dass Warnungen meist zu spät kommen.

Wenn es bei dir häufig Wirbelstürme gibt ...

- Bereite eine Notfallausrüstung vor. Du brauchst ein Erste-Hilfe-Paket, Taschenlampe, Batterien, Dosenöffner sowie Lebensmittel, Wasser und Medikamente für drei Tage.
- Wähle als Schutzraum einen Raum aus, der keine Fenster hat.
- Deine Familie muss für den Fall planen, dass ihr getrennt werdet. Ihr könntet verabreden, dann Freunden mitzuteilen, wo ihr euch befindet.
- Höre regelmäßig Radio und achte darauf, ob von der Möglichkeit der Bildung von Wirbelstürmen berichtet wird oder ob eine direkte Warnung erfolgt. Das ist ein großer Unterschied. Wird vor Wirbelsturm gewarnt, so bleiben meist nur wenige Minuten Zeit, den Schutzraum aufzusuchen.

Bei Wirbelsturmwarnung:

- Sei bei Gewitter auf der Hut! Dies könnte ein erstes Anzeichen für den bevorstehenden Wirbelsturm sein.
- Auch eine Staubwolke kann einen Wirbelsturm ankündigen. Oft sieht man aber auch gar nichts.
- Vor einem Wirbelsturm ist es manchmal völlig windstill.

Schon gewusst?

Bei einem Wirbelsturm wirbelt der Wind mit über 600 km/h umher – doppelt so schnell wie bei einem Orkan!

Bei Wirbelsturmwarnung:

- Im Freien oder auf dem Campingplatz: Geh in einen Schutzraum oder in den Keller oder Flur eines stabil gebauten Gebäudes.

- Meide Orte mit großen Dächern (z. B. Theater, Einkaufszentren).

- Halte dich von Fenstern und Glastüren fern. Setz dich unter einen Tisch und halte dich gut fest.

- Im Auto: Verlasse es und suche in einem Gebäude Schutz. Man sollte nie versuchen, einem Wirbelsturm davonzufahren: Er könnte die Richtung ändern und das Auto erfassen.

- Wenn du den Wirbelsturm sehen kannst, entferne dich rechtwinklig von seinem Weg. Leg dich weit weg von Autos, Bäumen und Stromleitungen in einen Graben. Bedecke Kopf und Hals.

Nach einem Wirbelsturm:

- Schau zusammen mit deiner Familie nach, ob die Nachbarn Hilfe brauchen.

- Benutze das Telefon nur für Notrufe.

- Kehre erst ins Haus zurück, wenn die Gefahr vorüber ist.

- Schalte den Strom zu Hause erst ein, nachdem geprüft wurde, ob die Gasleitungen unbeschädigt sind. Bei Gasgeruch sofort das Gebäude verlassen!

- Trinke kein Leitungswasser, wenn die Leitungen beschädigt sind.

- Achte auf Radiodurchsagen.

SO ÜBERSTEHT MAN EINEN WIRBELSTURM

In einem Schneesturm wirbeln die Schneeflocken so heftig umher, dass die Sicht stark eingeschränkt ist. Für einen unvorsichtigen Reisenden kann dies tödliche Folgen haben.

WAS KANN MAN TUN?

Wenn ein Schneesturm aufkommt ...

- Suche sofort Schutz, am besten in einem Haus.

- Wenn du im Freien bist: Geh nicht mehr weiter! Es ist besser, an Ort und Stelle zu bleiben. Bau dir einen Unterstand: Grabe ein Loch in den Schnee und decke es mit Ästen ab. Markiere die Stelle (z. B. mit deinen Skistöcken), damit Retter dich finden.

- Wenn der Schnee sehr tief ist: Grabe dir eine Höhle. Da kalte Luft absinkt, muss der Eingang tiefer liegen als die Stelle, an der du sitzt. Grabe ein Atemloch und halte es frei.

- Wenn du in einem Auto eingeschneit wirst: Bleib darin sitzen. Du könntest dich sonst verirren. Hänge nach Möglichkeit etwas Buntes an die Antenne.

- Der Motor sollte pro Stunde zehn Minuten laufen, um das Auto zu erwärmen. Dabei muss ein Fenster leicht geöffnet sein.

- Bewege Arme und Beine, um den Kreislauf zu unterstützen und warm zu bleiben.

Im Auto sollte eine Schaufel sein.

Vorsichtsmaßnahmen im Winter:

- Sorge mit deinen Eltern dafür, dass im Auto alles ist, was man im Notfall braucht: Schneeketten, Starthilfekabel, Sandsack, Schaufel, Eiskratzer, Abschleppseil, Taschenlampen, Decken, haltbare Lebensmittel, warme Jacken und ein helles Tuch für Signale. Auch ein Handy ist von Nutzen.
- Achte vor Reisen immer auf den Wetterbericht.
- Geh stets nur warm angezogen aus dem Haus.

Wenn der Schneesturm vorbei ist ...

- Achte beim Graben in tiefem Schnee darauf, nicht zu müde zu werden. Bei Kälte kann Erschöpfung tödlich sein.
- Wenn du zu Hause bist: Hilf deinen Eltern nachzuschauen, ob die Nachbarn den Sturm gut überstanden haben und mit allem Wichtigen versorgt sind.

Schon gewusst?

Ein eingeschneiter Lastwagenfahrer verbrachte 1978 sechs Tage in seinem Lkw. Er überlebte, indem er Schnee aß und sich in eine Decke einwickelte.

In einer Wüste gibt es im Jahr weniger als 25 cm Niederschlag. Am Tag ist es in den meisten Wüsten glühend heiß und nachts ist es sehr kalt. Es ist nicht leicht, dort zu leben.

Bei einer Reise durch die Wüste ...

- ... solltest du gut vorbereitet sein. Achte darauf, dass deine Eltern das Auto mit diesen Dingen ausgestattet haben: gefüllte Benzinkanister, Ersatzteile, Karten und Signalgeräte sowie reichlich Wasser: mindestens 4 l pro Person und Tag.

- Informiert andere darüber, wann ihr abfahrt und wann ihr zurückkommen oder einen anderen Ort erreichen wollt. Dann können sie euch suchen, wenn ihr nicht ankommt.

Ein Unterstand in der Wüste

- Benutze dazu das Auto oder einen natürlichen Schutz. Beginne mit der Arbeit erst, wenn es kühl ist.

- Um Schatten zu erhalten, kann man aus Steinen oder Zweigen eine niedrige Mauer bauen und auf der Schattenseite einen Graben ausheben. Oder zwischen zwei Steinhaufen eine Plane spannen, unter die du dich legen kannst. Versuche möglichst, dich nicht direkt auf den Boden zu legen.

Schon gewusst?

In ebener Wüste kann man mit einem Spiegel Signale geben. Dank der Sonne sind sie im offenen Gelände weithin sichtbar.

WAS KANN MAN TUN?

Wenn du in der Wüste bist …

- Reise nachts oder früh am Morgen.
- Trage am Tag Kleidung, die den Körper vollständig bedeckt. Sie schützt vor der Sonne und verringert den Wasserverlust.
- Trage eine Sonnenbrille. Oder schmiere dir Asche unter die Augen. So blendet die Sonne weniger.
- Trage immer einen Kopfschutz – und sei es ein selbst gemachter aus Blättern.
- Trinke ausreichend Wasser.
- Bewege dich nicht zu viel. Ruhe oft aus. Vermeide einen Hitzschlag.
- Im Fall einer Panne sollte man beim Auto bleiben. So wird man leichter gefunden.

TU WAS!

So findest du Wasser:

- Stülpe eine große Plastiktüte über einen Kaktus oder eine andere Pflanze, die in der Sonne steht. Blase die Tüte auf und binde sie unten zu. Mit der Zeit sammelt sich darin Wasser.
- Sammle früh am Morgen mit einem Tuch von der Oberfläche von Metall, Steinen und Blättern Wasser und wringe es über einem Behälter aus.
- Anzeichen für eine Wasserstelle sind Vögel und grüne Pflanzen. Spuren von Lagern und Pfade sind Anzeichen für eine unterirdische Quelle.
- Schneide ungiftige Kakteen auf und kaue das Fleisch (aber nicht schlucken!). Es enthält nahrhaften Saft.
- Wenn du wenig zu trinken hast, solltest du nicht essen: Der Körper braucht für die Verdauung Wasser.

Das Überleben auf See ist viel schwieriger als an Land. Bei jeder Fahrt aufs Meer hinaus sollte man Lebensmittelvorräte, Karten und Navigationsinstrumente sowie Signalgeräte mitnehmen.

TU WAS!

Bei Seereisen:

- Führe immer eine Schwimmweste oder eine andere geeignete Schwimmhilfe mit.
- Auf jeden Fall solltest du vorher schwimmen lernen. Das erhöht nicht nur deine Überlebenschancen, sondern gibt dir auch mehr Selbstsicherheit.
- Ein Erwachsener sollte folgende Dinge einpacken: Erste-Hilfe-Set, Karten, Navigationsinstrumente und Signalgeräte, Trinkwasser, Kleidung und Decken, Dosennahrung, Angelzeug, eine Taschenlampe und Batterien.

Trockenobst liefert Energie und Vitamine.

Nimm nur Dosen mit Ringverschluss mit.

Wenn du ins Wasser gefallen bist ...

- Hole möglichst viele Dinge zu dir heran, die schwimmfähig sind. Sie können dir nützlich sein.
- Wenn du keine Schwimmweste hast: Eine Hose tut es auch. Verknote die Beine an den Knöcheln. Blase die Hose mit Luft auf und lege sie dir um den Hals, sodass auf jeder Seite ein Bein ist, und presse den Hosenbund gegen deinen Bauch.
- Der Körper kühlt im Wasser schnell aus. Versuche, möglichst schnell herauszukommen.

Wenn du im Rettungsboot sitzt ...

- Bleib so lange wie möglich an Bord. Nimm möglichst viel Trinkwasser und Lebensmittelkonserven in das Rettungsboot mit.
- Bleib in der Nähe der Stelle, an der das Schiff (oder Flugzeug) versank, denn hier werden die Retter als Erstes suchen.
- Spanne ein Tuch oder etwas Ähnliches so, dass es vor Sonne, Regen und Wind schützt. Dein Körper sollte ganz von Kleidung bedeckt sein.
- Trinke, wenn du Durst hast. Trinke niemals Salzwasser oder Urin. Wenn Wasser knapp ist, solltest du nichts essen.
- Fange mit Schuhen, Taschen und Plastikplanen Regenwasser auf.
- Fertige aus einer Schnur und einem Angelhaken oder einem Stück Draht oder Holz eine Angel an.
- Angle bei Tag und Nacht in unterschiedlicher Tiefe. Frischen Fisch kann man roh essen.
- Gib mit einem Spiegel Signale, wenn Flugzeuge oder Schiffe vorbeikommen.

Schon gewusst?

Auch Seevögel kann man gefahrlos roh essen. Allerdings schmecken sie nach Fisch. Wenn man sich die Federn in die Kleidung stopft, wärmt sie besser.

An einem einsamen Strand zu überleben ist einfacher als auf hoher See. Meist findet man an Küsten Süßwasser, Nahrung und Material für den Bau eines Unterstands.

Nahrungssuche

- Eine Küste bietet viel Essbares: Sammle von Felsen Muscheln ab. Sie müssen lebendig und gesund sein. Koche sie mindestens fünf Minuten lang.
- Iss nichts, was du nicht kennst.
- Suche im Wasser unter Felsen und in Tümpeln nach Fischen.
- Fast alle Teile von Palmen sind sehr nahrhaft: Früchte, Baumsaft, zarte Knospen und die stärkehaltigen Triebe. Auch Algen (ungiftige Arten!), Bambussprossen, Zuckerrohr, Früchte, Nüsse und Wurzeln können Nahrung liefern.

TU WAS!

So findest du Süßwasser:

- Suche am besten überall nach Bächen, die ins Meer fließen.
- Unreife grüne Kokosnüsse enthalten wohlschmeckendes Wasser. Schneide sie mit dem Messer auf oder schlage sie gegen einen Felsen.

Bau eines Unterstands

- Suche einen windgeschützten Ort, der weit von der Flutlinie entfernt liegt, aber in der Nähe einer Wasser- und einer Nahrungsquelle.
- Baue aus Ästen ein Gerüst und bedecke es mit Palmwedeln und Blättern. Aus Pflanzenfasern kannst du Seile herstellen.
- Wenn du eine zum Bewohnen geeignete Höhle gefunden hast: Lass das Feuer im hinteren Teil brennen, sodass der Rauch aufsteigt und an der Decke entlang aus der Höhle abzieht.
- Bau dir aus Palmwedeln und anderen Pflanzen ein Bett.

> ## Schon gewusst?
> *Eine Kokosnuss enthält etwa einen Viertelliter Wasser.*

Erkundungen

- Trage beim Laufen immer Schuhe, um Verletzungen zu vermeiden. Notfalls kannst du dir aus Blättern und Bindfäden welche machen.
- Besuche andere Strände erst, wenn du mit den Gezeiten vertraut bist. Gehe nur bei Ebbe und nicht in den heißesten Stunden.

Signale senden:

- Feuer ist weithin sichtbar. Lege frische grüne Pflanzen obenauf, damit viel Rauch entsteht.
- Schreibe eine Botschaft in den Sand. Stelle dein Rettungsboot so auf, dass es gut sichtbar ist.
- Gib Rettungsschiffen oder Hubschraubern mit einem Spiegel Signale.

Nach schweren, lang anhaltenden Regenfällen schwellen Wasserläufe stark an und es kann sehr schnell zu Überschwemmungen kommen.

Wenn deine Wohngegend häufig überschwemmt wird ...

- Achte besonders im Frühjahr auf Warndurchsagen und nimm sie ernst. Sei stets bereit, das Haus zu verlassen.
- Blitzartige Überschwemmungen sind nicht leicht vorauszusagen. Halte dich, wenn es stark regnet, von ausgetrockneten Flussbetten fern. Achte auf steigende Wasserspiegel.
- Halte viele Sandsäcke bereit. Damit kann man das Haus schützen.
- Halte einen Vorrat an Dosennahrung bereit, die nicht gekocht werden muss.
- Plane einen sicheren Fluchtweg zur nächstgelegenen Anhöhe.

WAS KANN MAN TUN?

Wenn das Wasser steigt ...

- Wenn der Fluss langsam anschwillt, hilf mit, Tiere, Fahrzeuge und wertvolle Gegenstände in Sicherheit zu bringen. Halte dich von tief liegenden Orten fern, die als erste überflutet werden.
- Hilf mit, rund um dein Haus eine Mauer aus Sandsäcken zu errichten und Stellen abzudichten, an denen Wasser eintreten könnte.
- Fülle Badewannen, Waschbecken und Behälter mit Trinkwasser. Nach einer Überschwemmung kann Leitungswasser verunreinigt sein.
- Räume wertvolle und wichtige Gegenstände aus Kellern und den untersten Stockwerken.

TU WAS!

Beim Verlassen des Hauses ...

- Achte auf Radiodurchsagen.
- Wenn eine Blitzflut angekündigt wird, verlass das Haus rasch: Hier zählt jede Sekunde!
- Man sollte nie versuchen, mit dem Auto auf eine überflutete Straße zu fahren. Bereits 60 cm tiefes Wasser schwemmt ein Auto davon.
- Durchquere auch zu Fuß nie fließendes Überschwemmungswasser, das dir über die Knie reicht. Betrete in Überschwemmungsgebieten nie trockene Flussbetten. Versuche nie, im Dunkeln Wasser zu durchqueren.
- Wenn dich das Wasser mit fortgerissen hat: Halte dich an treibenden Gegenständen fest und schwimme damit an den Rand.

Nach der Flut ...

- Schalte nicht das Licht ein, wenn du wieder zu Hause bist. Die Leitungen müssen erst überprüft werden. Benutze stattdessen eine Taschenlampe.
- Trinke Leitungswasser erst, wenn die Leitungen nachgesehen wurden. Oder koche es mindestens zehn Minuten lang ab.
- Wirf Lebensmittel und Medikamente weg, die mit dem Flutwasser in Berührung gekommen sind.

Schon gewusst?
Durch Überschwemmungen verlieren mehr Menschen ihr Leben und ihre Habe als durch andere Katastrophen.

45

Wenn das Wetter trocken und heiß ist, kommt es relativ leicht zu Waldbränden. Bei starkem Wind kann sich das Feuer rasch ausbreiten.

Feuer verhindern:

- Lass niemals Flaschen, Gläser oder Glasscherben im Wald oder auf Wiesen liegen. Spiele niemals mit Streichhölzern oder Feuerzeugen.
- Erinnere Erwachsene daran, im Wald nicht zu rauchen. Bei Ausflügen und Wanderungen Feuer nur dort, wo es erlaubt ist, und nur an dazu ausgewiesenen Stellen entzünden.

Wenn sich in deiner Nähe ein Feuer entzündet ...

- Versuche, es zusammen mit einem Erwachsenen sofort zu löschen, indem ihr die Flammen mit einem Schlafsack, einer Jacke oder Decke (nicht aus Synthetik!) erstickt. Benachrichtige den Förster oder die Feuerwehr (Notruf).

Wenn du zu Hause bist ...

- Achte auf Radiodurchsagen.
- Mach dich bereit, das Gebiet rasch zu verlassen. Sprich mit deiner Familie Fluchtpläne ab.
- Wenn noch Zeit ist: Spritze das Haus mit dem Gartenschlauch ab. Dann können Funken es nicht so leicht in Brand setzen.

TU WAS!

Wenn du im Wald bist ...

- Feuer kann man oft schon von Weitem riechen. Ein weiteres Anzeichen sind verängstigte Tiere.
- Prüfe die Windrichtung. Wenn der Wind in Richtung auf das Feuer bläst, dann geh gegen den Wind. Wenn der Wind vom Feuer her bläst, breitet es sich rascher aus. Versuche nicht, davor wegzulaufen.
- Wenn es geht, mache deine Kleidung nass. Lege dir die nasse Jacke über den Kopf.

Schon gewusst?
Waldbrände entstehen auch aus nachlässig gelöschten Lagerfeuern. Gieße reichlich Wasser über die Glut, bis der Boden richtig nass ist. Bedecke die Stelle mit Erde oder Sand.

Ein Waldbrand kann in einer halben Stunde eine Fläche von der Größe von 400 Fußballfeldern vernichten.

Eiswüsten und Hochgebirge gehören zu den unwirtlichsten Orten der Erde. Extreme Kälte und eisige Winde erschweren das Überleben.

Wanderungen im Eis

- Informiere immer jemanden, wohin du gehst und wann du zurückerwartet werden kannst. Dann weiß man, wo man dich suchen muss.

- Erinnere deine erwachsenen Begleiter daran, genügend Benzinreserven, Ersatzteile, Werkzeug für den Bau eines Unterstands sowie Streichhölzer mitzunehmen. Wichtig sind auch Karten, Kompass und Signalgeräte.

- Trage mehrere Schichten warmer Kleidung übereinander sowie eine Mütze, eine wind- und wasserabweisende Jacke, mehrere Paare warmer Socken und wasserfeste Schuhe.

- Wenn dir warm ist, öffne die Jacke oder lege eine Schicht Kleidung ab. In verschwitzter Kleidung kühlt man rasch aus.

- Schütze die Hände mit dünnen Handschuhen. Trage darüber wasserdichte Fäustlinge.

- Eine Sonnenbrille schützt die Augen vor Sonnenstrahlung und vor Schnee und Eis.

- Für Übernachtungen auf der Wanderung brauchst du einen warmen, wasserabweisenden Schlafsack.

TU WAS!

Bau eines Unterstands

- Ein Unterstand sollte stets an einem windgeschützten Ort errichtet werden, an dem sich keine Schneewehen bilden. Auch eine in den Schnee gegrabene Höhle, eine Felshöhle oder ein hohler Baum bietet Schutz.

- Bedecke den Boden mit Ästen, um dich vor der Bodenkälte zu schützen.

- Verwende als Brennstoff für ein Feuer trockenes Moos, Zweige und Äste. Bei Wind braucht das Feuer einen Windschutz.

- Eine hinter dem Feuer errichtete Wand aus Steinen oder Ästen verhindert, dass Wärme verloren geht.

Essen und Trinken

- Schmilz Schnee in einem Topf über dem Feuer und filtere das erhaltene Wasser mit einem Tuch. Koche es vor dem Trinken ab.

- Sammle im Sommer essbare Pilze, Beeren und Flechten (die kleinen moosartigen Pflanzen, die sich an Steinen und Baumstämmen bilden).

- Nimm als Proviant leichte, energiereiche Nahrungsmittel mit. In der Kälte benötigt der Körper mehr Energie, um warm zu bleiben.

Schon gewusst?

Ein Mensch, der nackt einem -43 °C kalten und mit 50 km/h wehenden Wind ausgesetzt wäre – wie in der Arktis –, könnte nur etwa 15 Minuten überleben.

49

Das schlimmste Unwetter, das ich je erlebte:

_____

_____

_____

_____

_____

_____

_____

_____

_____

_____

_____

Wenn ich auf einer einsamen Insel stranden würde ...

_____

_____

_____

_____

_____

_____

_____

_____

_____

_____

_____

_____

Wenn ich ein Erdbeben
erleben würde ...

_____

_____

_____

_____

_____

_____

_____

_____

_____

_____

Gefahren des
Alltags

Wenn das Auto in ein Gewässer gestürzt ist und versinkt, ist das Wichtigste, nicht in Panik zu geraten. Panik hindert uns daran, an naheliegende Dinge zu denken.

WAS KANN MAN TUN?

Bevor das Auto auf dem Wasser aufschlägt ...

- Öffne die Fenster so weit wie möglich. Wenn du alleine bist: Öffne so viele Fenster, wie du kannst.
- Denk daran, dass elektrische Fensterheber im Wasser nicht mehr funktionieren. Also versuch es möglichst noch im Sturz.

Schon gewusst?

Man sollte niemals mit dem Auto über einen gefrorenen Teich oder See fahren. Wenn das Eis an einer Stelle zu dünn ist, bricht das Auto sofort ein.

SEI VORBEREITET!

Wenn das Auto im Wasser ist ...

- Öffne den Sicherheitsgurt, sobald keine Verletzungsgefahr mehr besteht.
- Befreie dich aus dem Auto, solange es noch im Wasser treibt. Dir bleibt vermutlich weniger als eine Minute.
- Die Türen lassen sich jetzt nicht mehr öffnen, weil das Wasser dagegendrückt. Es bleibt das Fenster.
- Es ist nicht leicht, das Fenster zu erreichen, wenn Wasser einströmt. Warte, bis sich das Auto mit Wasser gefüllt hat. Bevor es ganz voll ist, hole tief Luft und schwimme durch das Fenster hinaus.
- Wenn du das Fenster nicht öffnen kannst, schlag es mit einem harten Gegenstand ein. Tritt fest gegen das Fenster, wenn du nichts Geeignetes findest.
- Wichtig: Windschutz- und Heckscheibe sind aus gehärtetem Glas und daher schwerer einzuschlagen als die Seitenfenster.

WAS KANN MAN TUN?

Falls du nicht aus dem Auto herauskommst ...

- Versuche, ruhig zu bleiben. Wenn sich das Auto umdreht oder vorne abkippt, halte dich am Lenkrad oder einem Türgriff fest.
- Hole tief Luft, wenn der Wasserspiegel dein Kinn erreicht hat. Inzwischen sollte es möglich sein, eine Tür zu öffnen, weil das Wasser nicht mehr so stark dagegendrückt. Schwimme nun so schnell wie möglich hinaus.

Bei Karnevalsumzügen, Sportveranstaltungen, Konzerten und Festivals kommen große Menschenmengen zusammen. Das ist nicht immer ungefährlich.

Was verursacht gefährliches Gedrängel?

- Zum Gedrängel, bei dem schlimmstenfalls auch Menschen erdrückt werden können, kommt es, wenn Hunderte von Menschen gleichzeitig zum gleichen Punkt wollen – z. B. in ein Sportstadion, um einen guten Platz zu ergattern.

- Auch wenn eine Menschenmenge vor einem Feuer oder einer anderen Gefahr flieht, können Menschen erdrückt werden. Wenn Panik aufkommt, wird aus Drängeln Schieben und Stoßen – und dann geht es umso langsamer.

- Wenn viele Menschen gleichzeitig versuchen, Türen und Treppen zu benutzen, werden diese blockiert. Die von hinten Nachkommenden drücken die vor ihnen Stehenden nach vorne.

- Manchmal verlieren Menschen in einem derartigen Gedränge den Halt und stürzen zu Boden. Das ist nicht nur für sie selbst äußerst gefährlich, sondern auch für alle anderen.

SEI VORBEREITET!

So vermeidet man, ins Gedränge zu geraten:

- Suche bei Massenveranstaltungen die weniger begehrten Plätze auf. Hier wird das Gedränge nicht so dicht.
- Überlege dir gut, ob du zu einer Veranstaltung gehst, bei der man keine Sitzplätze reservieren kann. Ohne gute Organisation kann es dort gefährlich werden.
- Kaufe lieber Karten für Sitzplätze als für Stehplätze.
- Wenn du stehst: Suche dir einen Stehplatz am Rand der Menge und plane vorsichtshalber gleich einen Fluchtweg.

WAS KANN MAN TUN?

Wenn du mitten in der Menge bist ...

- Bewege dich möglichst rasch zum Rand der Menge, wenn du spürst, dass es zum Gedrängel kommt.
- Bleib ruhig, dann findest du leichter einen Ausweg. Halte nach Fluchtwegen Ausschau.
- Sieh dich in einem Gebäude sorgfältig um. Hinweise auf Fluchtwege sind nicht immer gut sichtbar angebracht.

Schon gewusst?

Mitten in der Menge ist es oft wie in einer Herde: Jeder folgt blind den anderen und übersieht dabei Fluchtwege.

So unwahrscheinlich es klingt: Es ist durchaus möglich, einen Flugzeugabsturz zu überleben. Wie immer hilft es, auf alles gefasst zu sein und ruhig zu bleiben.

SEI VORBEREITET!

Während des Fluges ...

- Hör dir immer die Sicherheitserklärungen des Flugpersonals an. Jedes Flugzeug ist anders.
- Lies zusätzlich die Karte mit den Sicherheitsmaßnahmen durch. Lies sie vor dem Landeanflug nochmals.
- Überlege dir, was du in einem Notfall tun würdest. Schau nach, wo die nächsten Notausstiege sind, und zähle, wie viele Sitzreihen zwischen dir und diesen Ausgängen liegen. Vielleicht musst du sie im Dunkeln finden.
- Schau nach, wie die Ausstiegsluken zu öffnen sind. Bitte jemanden vom Bordpersonal, es dir zu erklären, wenn du die Anleitung nicht verstehst.
- Bleib während des Flugs immer angeschnallt. Der Gurt sollte fest auf deinen Hüften sitzen.
- Trage zum Fliegen bequeme Kleidung aus Naturfasern, wie Baumwolle und Wolle, die bei Feuer nicht verschmoren. Lange Ärmel und Hosen schützen Arme und Beine.

WAS KANN MAN TUN?

Bei einer Notlandung ...

- Folge den Anweisungen des Bordpersonals.
- Spanne vor einer Notlandung den Sicherheitsgurt so straff wie möglich. Beuge dich nach vorne und verschränke die Hände über dem Hinterkopf.
- Wenn ihr über Wasser fliegt: Lege die Schwimmweste an (sie ist unter dem Sitz). Blase sie erst nach Verlassen des Flugzeugs auf.
- Bleib nach der Landung ruhig und geh zum Ausgang. Nimm kein Gepäck mit.
- Halte dich von Feuer und Rauch fern. Breite ein feuchtes Papiertaschentuch über Nase und Mund.
- Wenn ihr die Notrutsche benutzt: Zieh dir die Schuhe aus. Springe mit den Füßen zuerst hinauf und kreuze die Arme vor der Brust.

Schon gewusst?
In den USA kommt es alle 11 Tage zu einem Notausstieg aus einem Flugzeug.

Wenn du das Flugzeug verlassen hast ...

- Entferne dich von dem Flugzeug: Es könnte Feuer fangen. Geh niemals in ein brennendes Flugzeug zurück.
- Warte auf die Rettungskräfte. Stehe anderen bei, die Hilfe brauchen.

Um aus einem brennenden Gebäude herauszukommen, muss man den günstigsten Fluchtweg kennen. Wenn du gut vorbereitet bist, kannst du schnell reagieren.

SEI VORBEREITET!

Vorsichtshalber ...

- Schau nach, ob es in eurem Haus einen Feuerlöscher gibt. Damit kann man kleine Feuer rasch löschen.
- In jeder Etage muss ein Rauchmelder sein.
- Wichtig ist ein sinnvoller Fluchtplan. Aus jedem Raum sollte es zwei Fluchtwege geben.
- Verabrede mit deiner Familie einen Treffpunkt, an dem ihr euch nach einem Notfall treffen könnt. Dann wisst ihr bald, ob jemand fehlt oder ob alle in Sicherheit sind.

WAS KANN MAN TUN?

Wenn es brennt ...

- Verlasse sofort das Haus, wenn der Rauchmelder Alarm gibt. Vergeude nicht unnötig Zeit mit Packen.
- Schlage den sichersten Fluchtweg ein und versuche, dem Rauch auszuweichen.
- Wenn du durch Rauch gehen musst: Krieche am Boden entlang. Hier kann man besser atmen. Bedecke Mund und Nase mit einem feuchten Tuch.
- Berühre verschlossene Türen, bevor du sie öffnest. Öffne nie eine Tür, die sich heiß anfühlt. Schiebe eine kühl wirkende Tür vorsichtig mit der Schulter auf. Wenn dir Hitze und Rauch entgegenkommen, schlag sie sofort wieder zu.

Wenn du draußen bist ...

- Rufe von einem Nachbarn aus die Feuerwehr an.
- Geh niemals in ein brennendes Haus zurück. Warte auf die Feuerwehr.

WAS KANN MAN TUN?

In einem öffentlichen Gebäude ...

- Verlasse das Gebäude, sobald du den Alarm hörst. Schließe hinter dir alle Türen. Benutze nicht den Fahrstuhl.
- Wenn du keinen sicheren Weg aus dem Gebäude findest, versuche, einen Raum mit Fenster und Telefon zu finden.
- Versiegle Ritzen und Belüftungen mit Klebeband oder etwas Ähnlichem.
- Rufe die Feuerwehr an und sage, wo du bist – auch wenn du draußen schon Feuerwehrleute siehst. Winke aus dem Fenster, damit sie dich auch sehen.
- Sei geduldig. Es kann mehrere Stunden dauern, bis alle aus einem Gebäude gerettet sind.

Schon gewusst?

Rauch enthält giftige Gase. Die meisten Todesopfer bei Feuer in Gebäuden sterben an Rauchvergiftung.

Wenn ein Schiff sinkt, sollten die Passagiere es geordnet verlassen. Sei besonnen, überlege gut und handle rasch.

SEI VORBEREITET!

An Bord des Schiffes ...

- Nimm stets an Sicherheitsübungen teil. Das ist die beste Vorbereitung für den Ernstfall.
- Lies die ausgehängten Sicherheitshinweise. Hier wird erklärt, welche Alarmsignale es gibt, wie man die Schwimmweste anlegt und wo diese und die Rettungsboote zu finden sind.
- Achte auf Schilder an Türen und Treppen, die Fluchtwege anzeigen und zu den Rettungsbooten leiten.

WAS KANN MAN TUN?

Wenn Alarm gegeben wird

- Reagiere schnell. Höre dir die Anweisungen an und befolge sie.
- Steige möglichst schnell hoch, wenn du unter Deck bist
- Wenn das Schiff schief im Wasser hängt, suche den höchsten Punkt auf. Halte dich irgendwo fest und begib dich zum Deck.
- Bleib ruhig und aufmerksam. Tiefes Atmen hilft, Panik zu vermeiden.

Beim Verlassen des Schiffes ...

- Wenn Zeit bleibt, dann nimm so viel warme Kleidung wie möglich mit. Schnalle deine Schwimmweste fest.

- Steige an Deck oder über eine Leiter oder ein Seil in ein Rettungsboot. Spring möglichst nicht ins Wasser.

- Wenn du im Wasser bist: Schwimme zum nächsten Rettungsboot, zu einem anderen Schiffbrüchigen oder zu einem treibenden Gegenstand, an dem du dich festhalten kannst. Bewege dich andernfalls so wenig wie möglich, um nicht so schnell auszukühlen.

- Benutze die Pfeife, die eventuell an deiner Schwimmweste hängt, um auf dich aufmerksam zu machen.

- Verlasse das Wasser so schnell, wie es möglich ist.

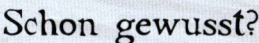
Schwimmweste

Schon gewusst?

Rettungsboote sollten immer nahe beim Schiff bleiben. Es ist schon vorgekommen, dass das Schiff dann doch nicht gesunken ist, und die Passagiere konnten wieder an Bord gehen.

Wenn ich auf einem sinkenden Schiff wäre ...

_____

_____

_____

_____

_____

_____

_____

_____

_____

_____

_____

Unser Feuer-Fluchtplan:

_____

_____

_____

_____

_____

_____

_____

_____

_____

_____

_____

Meine schönste Reise:

_____

_____

_____

_____

Das habe ich gefunden und mitgebracht:

_____

_____

_____

_____

_____

Grundlegende Überlebens-techniken

Vor dem Aufbruch solltest du sorgfältig prüfen, ob du fit genug für die Reise bist – und ob alles, was du brauchst, vorbereitet und in gutem Zustand ist. Richtige Kleidung und Ausrüstung entscheiden über deine Sicherheit.

Checkliste

- Beginne einige Monate vor der Wanderung, deine Kondition durch regelmäßige Übungen zu verbessern.
- Informiere dich, ob du für das Land, in das du fährst, Impfungen oder besondere Medikamente brauchst, und lass die Impfungen rechtzeitig durchführen.
- Wenn du Brillenträger bist: Denke an eine Ersatzbrille oder ein zweites Paar Kontaktlinsen.
- Wenn du Medikamente brauchst: Nimm genügend mit.

Packen

Überlege dir gut, welche Ausrüstung das Klima erfordert. Für Hitze: lose Baumwollkleidung und einen Sonnenhut. Für Kälte: eine dicke Mütze, Handschuhe, dicke Socken, feste Schuhe, bequeme Kleidung und eine wetterfeste Jacke.

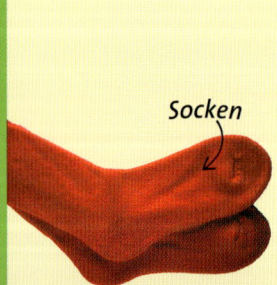

Socken

leichter Rucksack

Das wirst du brauchen:

Außer Kleidung benötigst du Dinge, die das Leben in freier Natur bequemer und sicherer machen. Ein Erste-Hilfe-Set, Streichhölzer, eine kleine Taschenlampe und ein Messer gehören unbedingt ins Gepäck.

Grundausrüstung

Taschenlampe

wasserfeste Streichhölzer

Trillerpfeife

Messer

Kompass

← Kochtopf

Karte

Nicht vergessen!

Bevor du in die Wildnis aufbrichst, solltest du jemandem sagen, wo du hinwillst und wann du zurückkommst. Wenn etwas schiefgeht, kann er Rettungskräfte verständigen.

Auf Touren ist es wichtig, Standort und Weg zu bestimmen. Deshalb sollte man eine Karte lesen und einen Kompass benutzen können. Auch Sonne und Sterne können bei der Orientierung helfen.

Karten lesen

Eine Karte bildet eine Gegend aus der Vogelperspektive ab. Um die eigene Position zu bestimmen, sollte man nach einem Orientierungspunkt wie z. B. einem Fluss oder Berg suchen. Mithilfe des Maßstabs lassen sich Entfernungen berechnen.

Sterne als Helfer

In klaren Nächten findest du den Weg mithilfe zweier berühmter Sternbilder: Auf der Nordhalbkugel weisen die beiden letzten Sterne des »Hinterteils« des Großen Bären zum Polarstern. Norden ist am Horizont unterhalb des Polarsterns.
Suche auf der südlichen Halbkugel nach dem Kreuz des Südens und verbinde die vier Sterne zu einem Kreuz. Folge der längeren Linie mit den Augen bis zum Horizont. Hier ist der Süden. In einem Observatorium erfährst du mehr darüber.

Nordhalbkugel   *Südhalbkugel*

Orientierung mithilfe der Uhr

Es funktioniert am besten, wenn die Sonne nicht am höchsten Punkt steht.

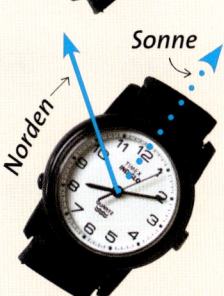

Auf der Nordhalbkugel

Lass den Stundenzeiger auf die Sonne zeigen. Stell dir eine in der Mitte zwischen dem Zeiger und der Zwölf verlaufende Linie vor. Sie zeigt nach Süden.

Auf der Südhalbkugel

Richte die Zwölf auf die Sonne. Stell dir eine Linie vor, die zwischen der Zwölf und dem Stundenzeiger verläuft. Sie zeigt nach Norden.

Süden

Sonne

Sonne

Norden

Orientierung mit dem Kompass

Ein Kompass hat eine Magnetnadel, die immer zum magnetischen Nordpol der Erde zeigt. Indem man den Kompass dreht, findet man heraus, in welche Richtung man gehen muss. Mit einem Kompass umzugehen erfordert einige Übung, doch es lohnt sich, es vor einer Wanderung durch die Wildnis zu lernen. Frage deinen Erdkundelehrer oder mache einen Kurs. Adressen dazu findest du im Anhang dieses Buches (Seite 96).

Kompass

Ein gutes Taschenmesser ist ein wichtiger Teil der Ausrüstung und erfüllt viele Zwecke. Benutze es auf vernünftige Weise und nur, wenn ein Erwachsener dabei ist. Und: Pflege es gut.

Manche Taschenmesser haben nur eine Klinge, andere haben mehrere Klingen und kleine Werkzeuge.

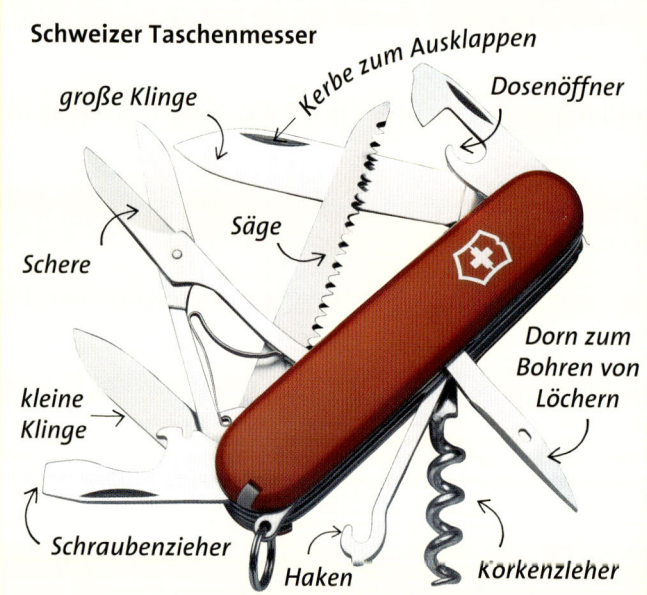

Schweizer Taschenmesser

Kerbe zum Ausklappen

große Klinge

Dosenöffner

Säge

Schere

Dorn zum Bohren von Löchern

kleine Klinge

Schraubenzieher

Haken

Korkenzieher

Verwendung des Messers

Schneide immer von dir weg, damit du dich nicht schneidest, wenn das Messer abrutscht. Denke daran, dass es klein ist und sich eher zum Schneiden kleiner Dinge eignet. Reinige es nach Gebrauch und verstaue es in deinem Rucksack, damit du es nicht verlierst.

So schärft man ein Messer

- Ein stumpfes Messer ist nicht nur unbrauchbar, sondern auch gefährlich. Schärfe das Messer mit einem Wetzstein.
- Befeuchte den Stein mit etwas Spucke.
- Lege die Schneide an den Stein.
- Streiche mit beiden Seiten der Klinge abwechselnd so lange gegen den Stein, bis sie wieder scharf ist. Lass dir von einem Erwachsenen dabei helfen.
- Streiche nun beide Seiten der Klinge abwechselnd gegen die Innenseite eines Ledergürtels. Dies glättet die Klinge.

Zur Sicherheit ...

Lege zum Öffnen deinen Daumennagel in die Kerbe an der stumpfen Seite des Messers und klappe die Klinge bis zum Anschlag heraus. Drücke zum Schließen deine Finger gegen die stumpfe Seite und lass die Klinge vorsichtig einschnappen.

Ein scharfes Messer ist besonders beim Kochen wichtig. Wasche es vor und nach Gebrauch.

Ohne Wasser kann der Mensch nicht lange überleben. Zum Glück findet man in freier Natur an vielen Stellen Wasser. Vor dem Trinken muss Wasser keimfrei gemacht werden.

Wo man Wasser findet:

- Süßwasser fließt in Bächen und Flüssen.
- Regenwasser ist – in freier Natur und weit weg von Industriegebieten – relativ sauber. Sammle es in einem Behälter (siehe gegenüberliegende Seite).
- Von den Blättern ungiftiger Pflanzen kann man Wasser absammeln (siehe Seite 39).
- Manche Pflanzen enthalten in ihren Blättern, Wurzeln und Stängeln oder Stämmen Wasser (siehe Seite 39).
- Beobachte wilde Tiere: Sie können dich zu Wasser führen.
- Sammle frühmorgens Tau (siehe Seite 39).
- Warte mit dem Suchen nicht, bis dein Wasservorrat aufgebraucht ist.

Wasser direkt aus dem Fluss trinken? Besser nicht! Achtung: Das geht nur weit oben im Hochgebirge, wo das Wasser sauber genug ist!

Wasser entkeimen

1. Das Wasser aus freier Natur enthält Keime, die krank machen können. Vor dem Trinken muss man sie abtöten.
2. Filtere als Erstes das Wasser durch eine saubere Socke, in die du zuvor ein sauberes Taschentuch oder sauberen Sand gegeben hast.
3. Koche das gefilterte Wasser fünf Minuten lang.
4. Stell das Wasser danach in einem sauberen Behälter in den Schatten.

Wasser auffangen

1. Breite am Boden eine wasserdichte Plane aus.
2. Stecke sie mit Zweigen so fest, dass sie knapp über den Boden gespannt ist.
3. Lege an die Mitte eines Rands der Plane Steine und unter Plane und Steine einen Behälter. Regenwasser wird sich auf der Plane sammeln und in den Behälter laufen.

wasserfeste Plane

Behälter

Wie viel Wasser brauchen wir?

Unser Körper gibt ständig Wasser ab, besonders wenn es heiß ist oder wenn wir uns viel bewegen. Bei kühler Witterung brauchen wir am Tag zwei Liter Flüssigkeit, bei heißem Wetter sogar drei bis vier. Trinkt man zu wenig, so trocknet man aus, und das kann gefährlich und sogar tödlich sein.

Ein Lagerfeuer spendet Wärme und Licht. Man kann daran sein Essen garen und Wasser abkochen und es vertreibt Insekten und trocknet nasse Kleidung. Aber Feuermachen will gelernt sein. Denk daran: Bei uns ist Lagerfeuer in freier Natur grundsätzlich nicht erlaubt.

Brennstoff sammeln

Um Feuer zu machen, brauchst du dürre Zweige und trockenes Holz. Sammle genügend Brennstoff, bevor du das Feuer anzündest.

Das braucht man zum Feuermachen:

Zunder: fängt leicht Feuer

trockenes
Moos

trockenes Laub

Rindenstreifen

Anzündholz brennt sehr schnell.

viele dünne, trockene Zweige

Holz hält das Feuer in Gang.

kurze,
daumendicke
Stücke

So setzt man ein Feuer in Gang

1. Suche eine gute Feuerstelle, die weit von Sträuchern, Unterholz und niedrigen Ästen entfernt ist. Bilde mit einer Schicht Holz eine Unterlage.

2. Breite Zunder über das Holz. Die oberste Schicht bilden zwei Hände voll Anzündholz.

3. Baue rings um das Anzündholz zeltartig Brennholz auf. Zünde dann den Zunder an.

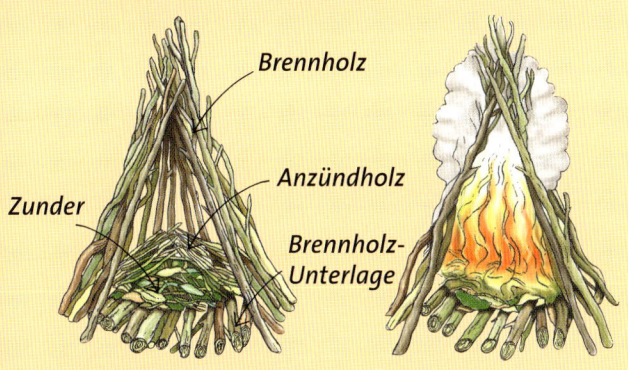

Brennholz

Anzündholz

Zunder

Brennholz-
Unterlage

Wenn das Feuer die ganze Nacht brennen soll ...

Es ist schön, unter freiem Himmel an einem glimmenden Feuer zu schlafen. Es sollte aber ein Erwachsener dabei sein.

- Bilde aus der Glut eine lange, schmale Linie.
- Suche drei lange Holzstücke mit etwa 15 cm Durchmesser.
- Lege zu beiden Seiten der Glut je ein Holzstück und fülle den Zwischenraum mit Anzündholz auf. Lege das dritte Holzstück über das brennende Anzündholz.
- Baue hinter dem Feuer eine niedrige Steinwand. So geht weniger Wärme verloren.

Keine Brandspuren hinterlassen

Errichte dein Lagerfeuer nur auf blankem Boden oder an einer anderen Stelle (z. B. einem großen Stein), wo es keine hässlichen Spuren hinterlässt.

Auf Wandertouren nimmt man Proviant mit. Trotzdem ist es nützlich zu wissen, wie man in der Wildnis Essbares findet. Probiere aber nie etwas, was du nicht kennst: Es könnte giftig sein!

Was es da so gibt ...

Das Nahrungsangebot der Natur kann je nach Region, Klima und Jahreszeit sehr unterschiedlich sein. An Küsten findet man Algen, Krabben, Garnelen und Muscheln. In Seen findet man Fische, andere kleine Tiere und die Wurzeln bestimmter Wasserpflanzen, und in Flüssen gibt es Aale und Forellen. In Wald und Gebirge kann man Beeren und Nüsse sammeln, in Wiesen Löwenzahn, Sauerampfer und Kletten, deren geschälte Stängel essbar sind. Und fast überall gibt es Insekten, Schnecken und Würmer.

Damit kannst du im Notfall überleben:

Insekten

essbare Krabbe

Kletten

Beeren

Pflanzen bestimmen

Es gibt Tausende von Wildpflanzen, die man beruhigt essen kann. Um sie kennenzulernen, braucht es allerdings viel Zeit und Erfahrung. Erkundige dich vor deiner Tour, welche Pflanzen der Gegend essbar sind. In den Tropen gehören z. B. Kokosnüsse und Kochbananen dazu, im Gebirge Preiselbeeren, Wurzeln und notfalls auch bestimmte Flechten.

Vorsicht!

Iss nur, was du gut kennst. Wenn du dir nicht ganz sicher bist, leg es wieder weg.

Insektenkost

Heuschrecken, Termiten, Schmetterlinge, Bienen ...
Es gibt Tausende von Insektenarten. Viele davon kann man essen und ihre Larven auch. Aber brate oder koche sie vorher.

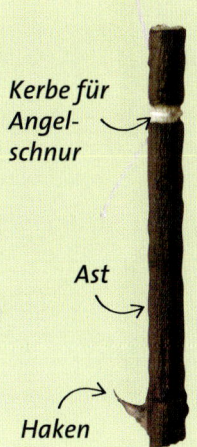

Kerbe für Angel-schnur

Ast

Haken

So baut man sich eine Angel

Damit kannst du dir dein Essen aus dem Fluss holen.

1. Flicht die Angelschnur aus Pflanzenfasern oder nimm einen Bindfaden.
2. Einen Haken erhältst du, wenn du an einem etwa 2,5 cm langen Holzsplitter einen zweiten befestigst.
3. Schneide den Haken mit dem Messer an einem Ende spitz zu und schnitze in das andere Ende eine Kerbe.
4. Binde die Angelschnur um die Kerbe.
5. Hänge einen lebenden Köder (Insekt, Raupe, Wurm) an den Haken.

Auf Wandertouren hat man keinen Kühlschrank dabei, und mitgenommenes Essen kann rasch verderben. Koche und iss frische Lebensmittel rasch und verwahre Vorräte gut.

Lebensmittel sicher lagern

- Iss alles, solange es noch frisch ist. Fleisch, Meeresfrüchte und Fisch verderben rasch – sie dann zu essen kann dich sehr krank machen.

- Mache übrig gebliebenes Fleisch oder Fisch durch Trocknen haltbar: Schneide es in feine Streifen und hänge diese in 1 m Höhe über einem rauchenden Feuer auf, bis sie ganz trocken sind.

- Trockne Früchte, indem du sie in feine Scheiben schneidest und in die Sonne legst.

Vorräte aufhängen

In einem Netz aufgehängt, sind Esswaren vor Fliegen sicher. Dies ist vor allem in heißen Ländern wichtig, weil die Fliegen hier Krankheiten verbreiten können. Mach dir aus feinmaschigem Gewebe einen Sack, indem du in die Mitte einen Teller stellst und das Gewebe oben zusammenbindest. Hänge den Sack an einem Ast im Schatten auf.

Kühl halten

Bei heißem Wetter kann man Getränke kühlen, indem man die Flasche in eine Schüssel mit kaltem Wasser oder in einen Bach stellt, am besten mit einer Schnur gesichert.

Zubereitungsarten

Man kann Speisen auf einem dreibeinigen Grill über dem Feuer oder auf heißen Steinen garen. Bitte einen Erwachsenen, dir zu helfen, und pass auf, dass du dich nicht verbrennst. Grabe ein flaches Loch für das Feuer. Wenn es zu einer dicken Schicht Glut heruntergebrannt ist, kannst du über die Glut einen Grill legen oder in Folie eingewickelte Kartoffeln hineinlegen.

Grill

heiße Glut

Kochen über offenem Feuer:

1. Suche eine lange, grüne Rute und spitze ein Ende zu.

2. Spieße kleine Stücke Fleisch, Gemüse oder Fisch auf die Rute.

3. Lege den Spieß über das Feuer oder auf den Grill, bis alles gar ist.

Garen auf heißen Steinen:

1. Lege große, flache Steine nebeneinander.

2. Bedecke sie mit Zunder und Anzündholz und lass das Feuer eine halbe Stunde brennen.

3. Entferne vorsichtig die Asche.

4. Gare dein Essen auf den heißen Steinen. Du kannst die Speisen in Blätter oder mitgebrachte Folie einwickeln, um sie vor den Ascheresten zu schützen.

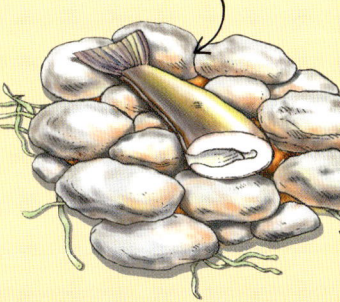

heiße Steine

Es kann hilfreich sein, wenn man weiß, wie ein Unterstand gebaut wird. Er schützt vor Kälte, Wind und Niederschlägen. In einem Notfall kann er sogar helfen zu überleben.

Wo baut man einen Unterstand?

- Suche einen natürlichen Schutz, z. B. eine Höhle, einen Felsen, ein Gebüsch oder einen Baum mit dichtem Laub.
- Suche nach ebenem Boden. Er sollte trocken sein. Meide Senken: Sie könnten sich mit Wasser füllen.
- Baue den Unterschlupf auf der vom Wind abgewandten Seite.

Bauanleitung

1. Binde einen langen und zwei kurze Äste zu einem stabilen Rahmen zusammen. Du musst darunter genügend Platz haben.
2. Reihe entlang dem langen Ast kurze Äste zu Wänden aneinander.
3. Bedecke die Wände mit einer 50 cm dicken Schicht aus Blättern, Moos und Gras. Obenauf kommen Äste, an denen du die Zweige belassen hast.

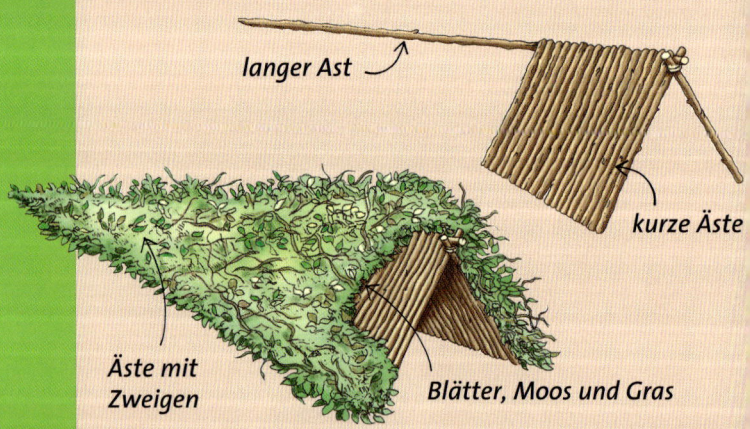

langer Ast →

kurze Äste

Äste mit Zweigen

Blätter, Moos und Gras

Baumaterial finden

Baue dir einen Unterstand aus dem, was du gerade zur Hand hast: aus einem Rettungsboot, einem Fallschirm, Steinen, Ästen, Blättern. Binde Äste mit geflochtenen Pflanzenfasern zusammen.

Für längere Zeit

Wenn du mehrere Nächte in deinem Unterstand bleibst, baue ihn in der Nähe deiner Feuerstelle und nicht weit von Wasser- und Nahrungsquellen.

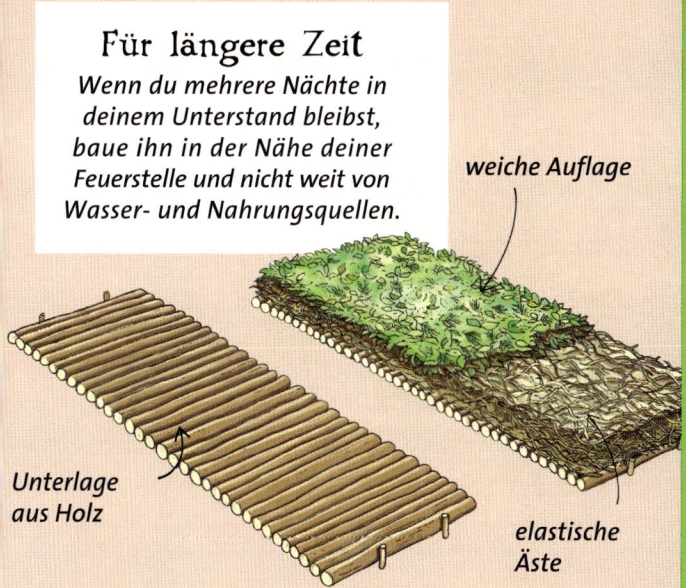

weiche Auflage

Unterlage aus Holz

elastische Äste

Wie man ein Bett baut

Auf diesem Bett kannst du bequem schlafen. Es dauert nur eine Stunde, es zu bauen.

1. Suche nach trockenen, 1 m langen und 5 cm dicken Stämmen oder Ästen. Lege sie zu einer Plattform aneinander. Damit sie nicht auseinanderrutschen, schlage an den Enden Pflöcke ein.

2. Schichte darüber eine 60 cm dicke Schicht elastischer Äste.

3. Jetzt kannst du deine »Matratze« mit weicheren jungen Ästen und mit Laub bedecken.

Die Wildnis ist das Reich der Tiere. Die meisten wilden Tiere halten sich vom Menschen fern, außer sie sind verletzt oder hungrig. Und auch wir sollten respektvoll Abstand halten. Bei uns in Deutschland gibt es jedoch so gut wie keine Wildtiere, die Menschen angreifen könnten.

Vorsicht Tiere!

- Informiere dich über die wilden Tiere der Gegend, damit du ihnen aus dem Weg gehen kannst.
- Mache beim Wandern Lärm: Das hält sie auf Abstand. Dies gilt aber NUR für Gebiete, in denen es wirklich gefährliche Tiere gibt. Ansonsten heißt es vor allem bei uns in Deutschland eher: Nimm Rücksicht und verhalte dich in der Natur möglichst ruhig.
- Viele Tiere sind nachtaktiv. Halte dich nachts nicht im Freien auf.
- Sei vorsichtig, wenn du an einer Stelle Wasser holst, an der auch Tiere trinken.
- Schüttle Kleider und Schuhe aus, bevor du sie anziehst.
- Trage in der Wildnis immer Schuhe sowie Kleidung, die Arme und Beine bedeckt.

Lass keine Insekten in deine Schuhe!

Stülpe nach dem Ausziehen deine Socken über die Öffnungen der Schuhe. So können keine Tiere hineinkriechen.

Tierspuren

Halte die Augen offen! Vielleicht siehst du dann Anzeichen für die Anwesenheit von Tieren, z. B. Fährten, Kot, Kratzer oder die Reste von Mahlzeiten. Mit etwas Erfahrung kannst du daran erkennen, von welchem Tier sie stammen, was es gefressen hat und wohin es gelaufen ist.

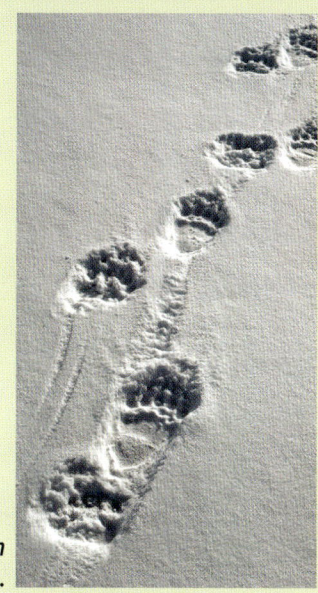

Bei Bärenspuren sieht man alle fünf Zehen und Krallen.

Der Abdruck des Jaguars hat nur vier Zehen. Die Krallen zieht er ein.

Lästige kleine Mücken

Mücken sind lästig und in manchen Ländern verbreiten sie Krankheiten. Schlafe unter einem Moskitonetz und verwende Mückenschutzmittel – außer es gibt in der Gegend Bären. Wenn dich ein Schwarm anfällt, bedecke deinen Körper mit Kleidung und deinen Kopf mit einem Netz oder Tuch. Prüfe vor Reisen, ob du Malariamittel brauchst.

In der Wildnis lassen sich natürliche Erscheinungen besser beobachten. Die Schatten auf dem Boden zeigen dir die Tageszeit an, und Wolken verraten viel über das Wetter.

Bau einer Sonnenuhr

Stecke einen Stock in den Boden. Markiere an einem sonnigen Tag die Stellen, auf die das Ende seines Schattens frühmorgens, mittags beim höchsten Sonnenstand und am Abend vor Sonnenuntergang fällt. Verbinde mithilfe eines zweiten Stocks und einer Schnur die Punkte durch einen Halbkreis. Markiere den »Mittagspunkt«. Jetzt hast du eine Sonnenuhr, die dir die Zeit anzeigt.

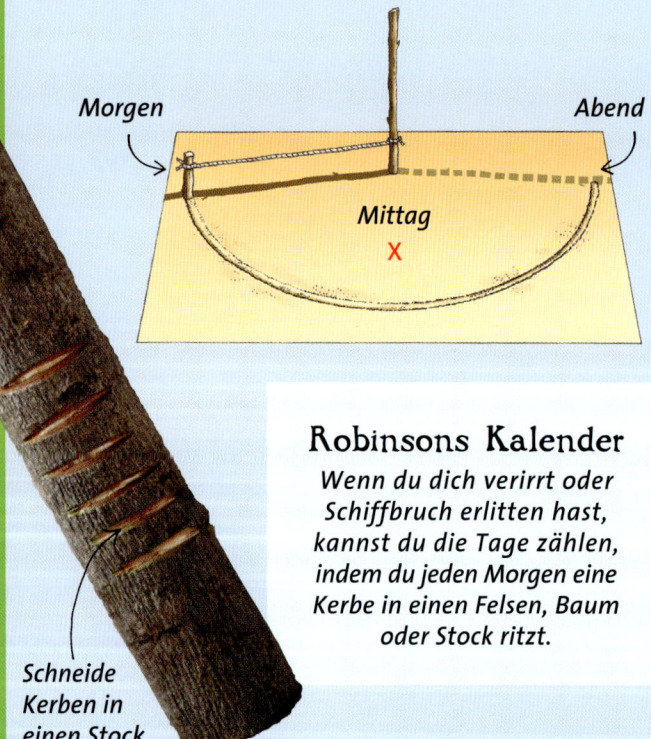

Morgen   *Abend*

Mittag
X

Robinsons Kalender

Wenn du dich verirrt oder Schiffbruch erlitten hast, kannst du die Tage zählen, indem du jeden Morgen eine Kerbe in einen Felsen, Baum oder Stock ritzt.

Schneide Kerben in einen Stock.

Das Wetter vorhersagen

Es ist immer gut zu wissen, wie das Wetter wird.

- Lerne Wolken zu unterscheiden. Sie sagen viel darüber aus, welches Wetter zu erwarten ist. Die Veranstalter im Anhang (Seite 96) bieten auch Kurse zur Wetterkunde an.

- Achte auf den Wind. Ein Wechsel der Windrichtung oder der Windstärke kann eine Wetteränderung ankündigen.

- Beobachte die Vorgänge in der Natur, wie z. B. Kiefernzapfen, die das Wetter anzeigen: Bei feuchter Luft schließen sie sich und bei trockener gehen sie auf.

geschlossen

offen

Eine alte Volksweisheit sagt:
Morgenrot, Regen droht.
Abendrot, Schönwetterbot'.
Stimmt dieser Spruch wirklich? Prüfe es nach!

Warm bleiben

Wenn es ganz plötzlich sehr kalt geworden ist, kannst du deine Kleidung mit trockenem Moos oder Gras ausstopfen. Dies verhindert, dass der Körper viel Wärme abstrahlt und dass kalte Luft zwischen die Kleider dringt. So vermeidest du auszukühlen.

Wenn Rettung durch andere möglich ist, ist das oft der schnellste Ausweg aus einer gefährlichen Situation. Versuche, wenn du in Gefahr bist, andere auf dich aufmerksam zu machen. Diese Aufgabe lenkt dich auch von deiner Angst ab.

Positiv denken

Wenn du in der Wildnis in Gefahr geraten bist, ist eine zuversichtliche Einstellung sehr wichtig. Sie hilft dir, gegen Angst, Schmerzen, Hunger und Durst anzukämpfen. Bleib aufmerksam und sieh dir deine Umgebung genau an. Versuche herauszufinden, wie du am besten überleben kannst. Sorge dafür, dass du eine Aufgabe hast. Gib niemals auf.

Signale senden

Durch Signale kannst du dich bemerkbar machen. Suche die Methode aus, die sich in deiner Umgebung am besten eignet.

- Mit einem Spiegel oder einer CD kann man bei hellem Sonnenlicht Lichtsignale geben.
- Eine Pfeife ruft Retter herbei, die in Hörweite sind.
- Nachts ist das Licht einer von links nach rechts bewegten Taschenlampe weithin sichtbar.
- Leicht zu entzündende, stark brennende Signalfeuer werden von (Rettungs-)Flugzeugen aus bemerkt.
- Hohe Flammen brennen hell, aber nicht lange. Setze sie erst ein, wenn Hilfe naht.

Ruf doch mal an

Wenn du einen Flugzeugabsturz oder ein anderes Unglück überlebt hast, solltest du in den Trümmern nach einem Handy oder einem Radio suchen. Damit könntest du rasch Retter rufen.

SOS!

In einem Notfall kannst du ein SOS-Signal senden. Dies kann z. B. eine mit Steinen oder Stöcken auf den Boden »geschriebene« Botschaft sein. Dazu muss das Signal groß sein und sich farblich vom Untergrund abheben. Oder du versuchst es mit dem Morsecode: Beim Morsen gibt man das S mit drei Punkten (kurzen, schnellen Signalen) wieder und das O mit drei Strichen (langen, langsamen Signalen). Zum Senden eignen sich ein Radio, eine Trillerpfeife, Rauchwolken oder Lichtblitze. Oder deine Rufe.

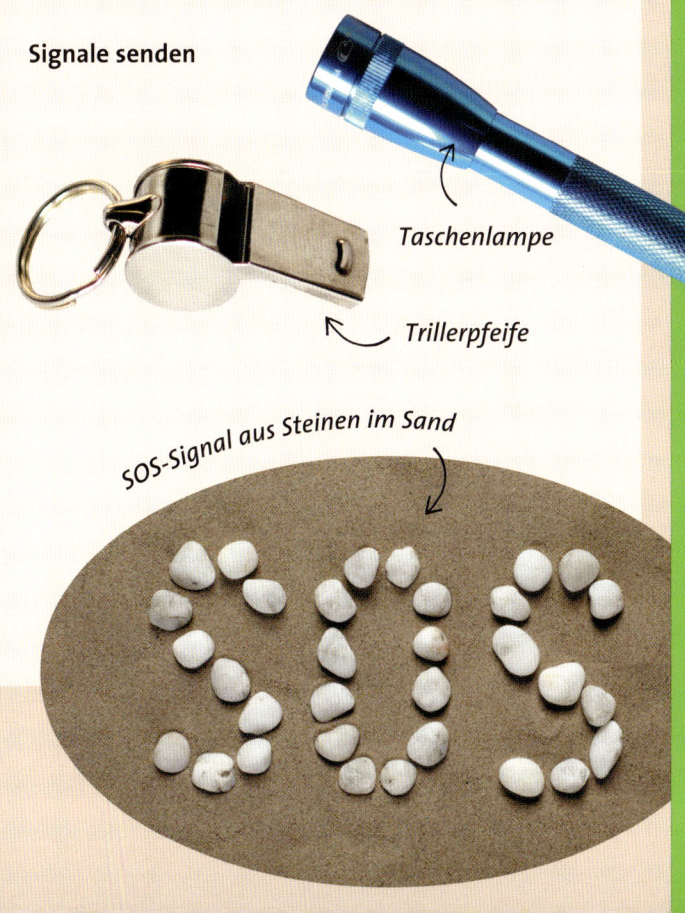

Signale senden

Taschenlampe

Trillerpfeife

SOS-Signal aus Steinen im Sand

Wenn du dich verirrt hast, musst du entscheiden, ob du bleibst, wo du bist, oder ob du weitergehst. Meist ist es besser, an Ort und Stelle zu bleiben. Sei vorsichtig, wenn du weitergehst.

Vom Weg abgekommen

Bleib ruhig, wenn du dich verirrt hast. Schau auf deinen Kompass. Wenn du nicht weißt, wohin du gehen musst, bleib, wo du bist, und warte auf Retter. Gehe nur weiter, wenn Gefahr besteht (z. B. wenn eine Überschwemmung droht). Suche dir einen sichereren Ort und hinterlasse Spuren für die, die dich suchen.

Vor dem Aufbruch

Klettere auf eine höher gelegene Stelle und sieh dir die Umgebung an. So kannst du die beste Route wählen. Hinterlasse für Retter Zeichen und markiere deinen Weg. Sei nicht hastig, sonst ermüdest du nur rasch oder verletzt dich. Geh gleichmäßig und langsam und ruhe dich oft aus.

Spuren hinterlassen

Wenn du weitergehen willst, dann sorge dafür, dass dir jemand folgen kann. Verknote Grasbüschel, lege aus Steinchen Pfeile oder ritze im äußersten Notfall Zeichen in Baumrinde.

Experten überqueren reißende Flüsse mit Seilen und Spezialklammern.

Wie man einen Fluss überquert

- Flüsse sind gefährlich. Durchquere niemals einen Fluss, wenn du allein bist.
- Wenn ihr zu mehreren seid: Bildet eine Kette, indem ihr euch alle einhängt. Der Größte und Stärkste steht flussaufwärts. Geht langsam und vorsichtig hindurch.
- Wenn ihr zu dritt seid: Haltet euch aneinander fest. Der Stärkste steht flussaufwärts und durchquert das Wasser. Die anderen folgen vorsichtig.
- Am sichersten ist es mit Seilen und speziellen Gurten und zusammen mit einem trainierten Team.

Oft ist kein Arzt in der Nähe, wenn man sich unterwegs verletzt. Mit sachgerechter Erster Hilfe kann man Blutungen stillen und Infektionen verhindern. Außerdem kann man den Verletzten bis zum Eintreffen der Rettungskräfte bequemer lagern.

Erste-Hilfe-Set

Nimm auf deine Ausflüge immer ein Erste-Hilfe-Set mit. Es sollte Folgendes enthalten: Mullbinden, elastische Binden, Pflaster, Desinfektionsmittel, eine Schere und Sicherheitsnadeln. In einem wasserfesten Behälter bleibt es sauber und trocken.

Behandlung von Verbrennungen

1. Kühle die verbrannte Stelle 15 bis 20 Minuten lang in kaltem Wasser.
2. Bedecke sie mit einer nicht an der Wunde klebenden, sterilen Binde. Wickle einen Verband herum (nicht zu straff!) und verschließe die Enden mit Sicherheitsnadeln.

Die Verbrennung 15 bis 20 Minuten in kaltem Wasser kühlen.

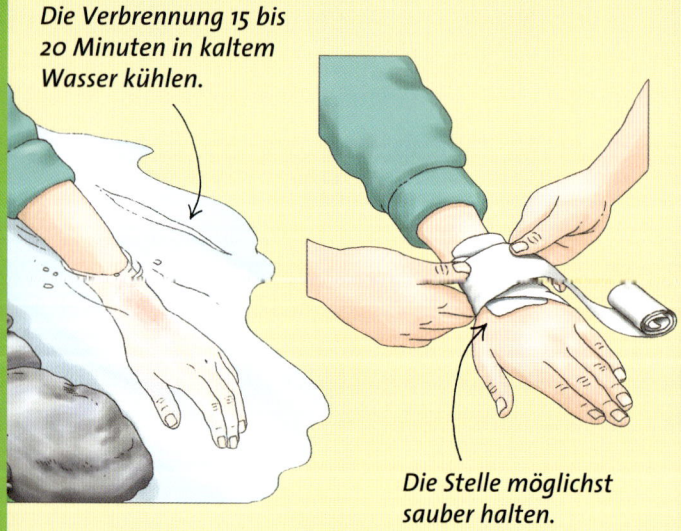

Die Stelle möglichst sauber halten.

Behandlung eines gebrochenen Arms

1. Es ist sehr wichtig, den Arm abzustützen. Schiebe einen Dreiecksverband unter den Arm.

2. Lege eine Ecke um den Nacken. Führe die gegenüberliegende Ecke über den Arm zum Hals und verknote die beiden Ecken über der Schulter.

3. Falte die dritte Ecke um und fixiere sie mit einer Sicherheitsnadel.

Dreiecksverband

an der Schulter verknoten

festgesteckte dritte Ecke

Kleine Blasen

Wenn du beim Laufen spürst, dass deine Füße an einzelnen Stellen empfindlich werden, decke diese mit Pflaster ab. Wenn du es rechtzeitig machst, verhinderst du, dass sich Blasen bilden.

KNOTEN

Mit Seilen, Tauen und Bindfäden kann man Unterstän-
de verankern, Angelruten bauen oder sogar Menschen
das Leben retten. Deshalb ist es gut, wenn man Knoten
knüpfen kann. Kurse dazu bieten auch die Veranstalter
im Anhang an (Seite 96).

Kreuzknoten

Ein Kreuzknoten ist ein einfacher
Knoten, den man auch dann lösen
kann, wenn das Seil nass ist.

1. Führe das rechte Seil über und
   unter das linke.
2. Führe nun das linke Ende
   über und unter das rechte.
   Halte beide Enden fest.
3. Ziehe an beiden Enden den
   Knoten fest.

Palstek

Dies ergibt eine Schlinge – die
man z. B. jemandem um den Körper legt, um ihn aus dem Wasser
zu ziehen. Man muss vorher wissen, wie groß die Schlinge werden
soll.

1. Lege im Seil eine kleine Schlaufe
   und ziehe das Seilende von hinten nach vorne durch.
2. Schlinge nun das Ende um das
   Hauptteil des Seils und ziehe
   dieses durch die Schlaufe.
3. Ziehe am Hauptteil und am Ende
   den Knoten zu. Jetzt hast du eine
   feste Schlinge, die sich nicht ver-
   stellt.

Die fett gedruckten Seitenzahlen verweisen auf den Haupttext.

Internationales Rotes Kreuz
Das Rote Kreuz ist eine internationale Organisation, die Opfer von Kriegen und Katastrophen unterstützt. In den einzelnen deutschen und österreichischen Bundesländern und den Schweizer Kantonen gibt es Zweigorganisationen. Im Internet findest du die Zentralen unter:
www.drk.de
www.roteskreuz.at
www.redcross.ch

Das **Technische Hilfswerk** ist in Deutschland für den Zivil- und Katastrophenschutz zuständig:
www.thw.de
In Österreich ist für Katastrophen durch Wetter, andere Naturereignisse, Unfälle und Gebäudeschäden der **Zivilschutzverband** zuständig:
www.zivilschutzverband.at

Um die Rettung aus Seenot und die Aufsicht über Badende in Badeseen usw. kümmert sich in Deutschland die **Deutsche-Lebens-Rettungs-Gesellschaft e.V.** Sie organisiert auch Schwimmkurse, auch für Rettungsschwimmen, und verleiht Schwimmabzeichen.
www.dlrg.de
Weitere Wasserrettungsorganisationen:
www.dgzrs.de (Deutsche Gesellschaft zur Rettung Schiffbrüchiger)
www.wasserwacht.brk.de
www.wasser-rettung.at (Österreich)
www.slrg.ch (Schweizerische Lebens-Rettungs-Gesellschaft)

Bergwacht und **Bergrettung** retten Bergsteiger und Wanderer aus Notlagen. Auch sie bieten Kurse an. Auf ihren Websites findest du auch Sicherheitstipps und Wettervorhersagen:
www.bergwacht.de
www.bergrettung.at
www.provinz.bz.it (für die Provinz Bozen)
www.sac-cas.ch (Schweizer Bergrettung)

Richtig Bergwandern und andere alpine Sportarten kann man in Kursen und geführten Touren beim **Deutschen Alpenverein** (DAV) in ca. 350 Sektionen in ganz Deutschland lernen:
www.alpenverein.de
Angebote zu Outdoor-Aktivitäten speziell für Kinder und Jugendliche findet man beim DAV-Jugendverband:
www.jdav.de
Weitere Alpenvereine:
www.alpenverein.at
www.sac.ch
www.alpenverein.it

Informationen und Ausbildung durch Experten in allen »Outdoor«- und »Survival«-Fragen bekommt man bei **Outward Bound:**
www.outwardbound.de

Die **Pfadfinderorganisationen** bieten Mädchen und Jungen weltweit Freizeit- und Ferienprogramme an. Sie organisieren Zusammenkünfte, Freizeiten, Zelt- und Trainingslager sowie Hilfsaktionen:
www.scoutnet.de
www.vcp.de (Verband christlicher Pfadfinderinnen und Pfadfinder)
www.ppoe.at (Pfadfinder und Pfadfinderinnen Österreichs)
www.pfadfinden.de
www.scout.at

Bildnachweis

Fotos: 5 www.osf.uk.com/Daniel J. Cox; 6 Still Pictures/Daniel Heuclin; 6 /7 Digital Vision; 8/9 Digital Vision; 10/11 Digital Vision; 11 Ardea/Ron & Valerie Taylor; 12/13 Digital Vision; 14/15 Digital Vision; 16/17 Digital Stock; 17 www.osf.uk.com/ Phil DeVries; 18/19 Marshall Editions; 20/21 Digital Vision; 22 Digital Vision; 23 FLPA/Steve McCutcheon; 24/25 Dave King; 26/27 Digital Vision; 28/29 Digital Vision; 30/31 Background Digital Vision; 30/31 MCSi; 32/33 Digital Vision; 34 Andrew Sydenham; 34/35 Background MCSi; 36/37 Background Digital Vision; 36/37 MCSi; 38/39 Background Digital Vision; 38/39 MCSi; 40/41 Dave King; 42/43 Digital Vision; 44/45 Ardea/Jean-Paul Ferrero; 46/47 MCSi; 48/49 gettyone Stone; 50 Digital Vision 51 Dave King 52 Digital Vision; 53 Robert Harding Picture Library; 54/55 Digital Vision; 56 wwwosf.uk.com/ Edward Parker; 58/59 Digital Vision; 60/61 Marshall Editions; 62/63 Digital Vision; 63 MCSi; 64/65 Digital Vision; 66 Digital Vision; 67 Mountain Camera/ John Cleare; 68 /69 MCSi; 71 MCSi; 72 Victorinox; 73 Corbis/Paul A. Souders; 74 www.osf.uk.com/ Colin Monteath; 75 Marshall Editions; 76 MCSi; 78 tl Ardea/ D.Avon, tr Ardea/Peter Steyn, bl FLPA/Tony Wharton, br Bruce Coleman/ Janos Jurka; 79 MCSi; 80 MCSi; 84 MCSi; 85 t FLPA/ Mark Newman, b www.osf.uk.com/ Michael Fogden; 86 MCSi; 87 Digital Vision; 89 MCSi; 91 Mountain Camera/John Cleare; 94 MCS.i. Craig Smillie und Orvis. **Illustrationen:** 70, 77, 81, 82/83, 86, 92/93 Peter Bull Art Studio 87 Peter Sarson.